Maria Leitner

Mädchen mit drei Namen

AF525788

Maria Leitner 1928

Maria Leitner

Mädchen mit drei Namen

Reportagen aus Deutschland und ein Berliner Roman 1928–1933

Herausgegeben und kommentiert von Helga und Wilfried Schwarz

AvivA

Inhaltsverzeichnis

Vorwort

Das lebenshungrige Mädchen Lina kommt Anfang der 1930er Jahre aus der Provinz auf der Suche nach Arbeit und ein »klein bißchen Glück« in das hektische Berlin. Sie ist mutig und gewitzt genug, um dafür alles zu wagen, ebenso wie die scheinbar kessen Berlinerinnen, deren Bekanntschaft sie in ihrer ersten billigen Pension macht. Hoffnungsvoll lässt sie sich als Evelyn für das Amüsement einer Tanzbar engagieren. Aufregende, aber auch schwierige Tage und Wochen folgen für Lina-Evelyn, die bald gegen ihren Willen Annunciata wird.

Vom bewegten Leben des *Mädchens mit drei Namen* erzählt Maria Leitner ebenso spannend wie unterhaltsam in dem hier erstmals in Buchform vorliegenden Roman, der im Sommer 1932 in der *Welt am Abend* in Fortsetzungen abgedruckt wurde.

Maria Leitner hatte sich zunächst vor allem durch ihre Reportagen aus Amerika einen Namen gemacht. Ab Mitte der 1920er Jahre verfasste sie Erlebnisberichte aus der amerikanischen Arbeitswelt für den *UHU* und andere Magazine wie zum Beispiel *Grüne Post* und *Berliner Morgenpost* und für die ab September 1928 erscheinende Abend-Zeitung *Tempo*. Mit ihren beiden Büchern *Hotel Amerika* (1930) und *Eine Frau reist durch die Welt* (1932) wurde sie über die Grenzen Deutschlands hinaus bekannt. Sie war drei Jahre lang im Auftrag des Ullstein-Verlages auf dem amerikanischen Kontinent unterwegs und berichtete »Unbekanntes aus Amerika«, das sie als Arbeitssuchende und an über 80 Arbeitsplätzen erlebt hatte.

Maria Leitner wusste, worüber sie schrieb – ob über amerikanische oder über deutsche Lebenswelten. Ab 1928 bis Mitte 1932 erschienen beinah wöchentlich im Feuilleton der neuen Tageszeitung *Tempo* des Ullstein-Verlages kleine Beiträge Maria Leitners – Skizzen von Beobachtungen und Begegnungen in der wachsenden Großstadt Berlin sowie Schilderungen vom alltäglichen Leben der »kleinen Leute« – vor allem der Mädchen und Frauen mit ihren Hoffnungen auf ein wenig Glück. Die Texte Maria Leitners in *Tempo* waren bisher weitgehend unbekannt und werden hier erstmals vorgestellt. Es handelt sich dabei um eine Reportageserie, deren dokumentarischer Charakter bereits an Titeln wie *Eine Kellnerin erzählt* deutlich wird. Die Auswahl ihrer Gesprächpartnerinnen und Gesprächspartner, Leitners Blickwinkel und die lakonische Betrachtungsweise vermitteln noch heute ein aufschlussreiches Bild von den sich verschärfenden sozialen Lebensbedingungen. Zu dieser Zeit war Leitner noch Mitarbeiterin des Ullstein-Verlages in Berlin, veröffentlichte aber zunehmend größere und deutlich sozialkritischere Reportagen und literarische Texte beim linken *Neuen Deutschen Verlag* von Willi Münzenberg, in den Zeitungen *Welt am Abend, Berlin am Morgen* und *Magazin für alle*, in der *Arbeiter Illustrierten Zeitung* (AIZ) sowie 1931 bis Anfang 1933 in *Der Weg der Frau.*

Ab 1930 wurden Leitners Reportagen akzentuierter und kritischer in der Auswahl und Darstellung ihrer Sujets, die weiterhin vornehmlich Frauenschicksale betrafen. Bei genauerer Betrachtung wird deutlich, wie die Autorin außerdem von einer Beobachterin allmählich zur Beteiligten wurde. Sie wohnte jetzt inmitten der Menschen, über die sie schrieb, von deren Sorgen und kleinen Freuden sie schnörkellos, aber überzeugend, aus eigener Anschauung und eigenem Erleben berichtete.

Ihre Reportagen von *Frauen im Sturm der Zeit* und die Berichte von *Entdeckungsfahrten in Norddeutschland* entsprachen eher der politischen Tendenz der *Welt am Abend*, sich gegen die verstärkte »braune« Gefahr und die existentiell bedrohliche soziale Not infolge zunehmender

Massenarbeitslosigkeit zu engagieren. Die Grundaussagen von Leitners Roman wie auch ihrer Reportageserien sind sozialkritisch und links in der Forderung ihrer Protagonistinnen nach Solidarität und gemeinsamen Aktionen der Arbeitenden zur Verbesserung ihrer Arbeits- und Lebensbedingungen und zeugen vom persönlichen Einsatz der Autorin.

Maria Leitner gehört mit ihrer beobachtenden Sichtweise und dokumentarisch-exakten Darstellungen zweifellos zu den Autorinnen der sogenannten Neuen Sachlichkeit. Wie auch Anna Seghers oder Egon Erwin Kisch stand sie in engem Kontakt zum *Bund proletarisch-revolutionärer Schriftsteller* (BPRS).

Leitner engagierte sich, wie viele andere links-liberale, zumeist bürgerliche Schriftstellerinnen und Schriftsteller dieser Zeit in der *Internationalen Arbeiter-Hilfe* (IAH), jedoch nicht als Mitglied einer Partei, auch nicht der kommunistischen, wie lange vermutet wurde. Ihre eindrucksvolle Reportageserie über *Opfer und Schmarotzer um den § 218*, mit der sie die durch den sogenannten Abtreibungsparagraphen für viele Frauen hervorgerufenen Notlagen anprangerte, publizierte sie 1931 in einem sozialdemokratischen Blatt: der *Volkszeitung für das Vogtland*. Hier wird die Person Maria Leitner lebendig – mit ihrem schauspielerischen Talent, ihrem kritischen Blick und ihrer Spottlust. Da die regionale Tageszeitung in Berlin kaum beachtet wurde, blieben diese Texte bisher jedoch weitgehend unbekannt.

Maria Leitner war eine typische Schriftstellerin ihrer Zeit, die – wie es Erika Mann am 21. Mai 1931 in *Tempo* formulierte –, sich »nicht die Seele aus dem Leib schreibt, sondern Reportage macht in Aufsätzen und Romanen, ... die berichtet anstatt zu beichten«. In ihren Deutschland-Reportagen und ihrem Berlin-Roman ist sie in diesem Band wiederzuentdecken.

Berliner Miniaturen

Das Mienenspiel einer Berliner Straße

Am harmlosesten wirkt es morgens, das Gesicht der Straße. Der grüne Rasen vor dem Bahnhof ist mit kleinen, weißen Margueriten geschmückt, rot leuchten Tulpenbeete, und auch die Bäume tun, was sie können, um in der rußigen, staubigen Luft frischgewaschen auszusehen. Die Rolläden verbergen noch das Leben hinter den Fenstern. Es kommen erst nur einzelne Passanten, mit Körben, Schiebekarren, Paketen.

Langsam beginnt die Gemüsefrau die Körbe mit Spargel, Spinat auf die Straße zu stellen, begießt Salatköpfe, poliert Tomaten und Äpfel. Im Blumengeschäft bekommen die Pflanzen ihre Morgendusche, man zupft vergilbte Blätter aus den immergrünen Bäumen. Im Delikatessenladen baut man Schinken und Würste auf, dekoriert mit Flaschen. Im Friseurladen wird die kokett lächelnde Wachsdame mit dem tadellos ondulierten Kopf in das richtige Licht gesetzt. In der bürgerlichen Bierquelle stellt man vor die Scheiben zur Verschönerung einige Blumentöpfe. Ähnlich wirken auch die Koteletts und belegten Brote hinter den Scheiben, die den Appetit der schon zahlreichen Passanten reizen sollen. Es erscheinen die Aktenmappen, die Schuhputzer mit ihren neuen blauen Sesseln, vor den Hotels die Portiers mit goldbeschlagenen Mützen, Pagen in farbenfrohen Uniformen.

Mächtige Rundfahrtautos fahren vor. Ihre auf Kundschaft auslugenden Führer erspähen mit Leichtigkeit die müßigen Fremden, da diese weder Aktenmappen noch Pakete tragen.

Langsam wächst der Lärm der Straße zu einem brausenden Fortissimo. Autos, Elektrische, Lastwagen und

Radfahrer scheinen zu einem unentwirrbaren Knäuel zusammenzufließen. Die Dienstmänner tragen schwere Lasten, die Portiers machen Verbeugungen, die Pagen springen geschäftig. Straßenhändler erscheinen, Zeitungsverkäufer schreien. Alles arbeitet, hechelt, bedient.

Erst, wenn es anfängt dunkel zu werden, verändert sich wieder das Gesicht der Straße. Die Hast ist nicht geringer geworden, obgleich sich jetzt ein Teil der Arbeitsbienen der wohlverdienten Ruhe widmen kann. Jetzt aber setzt sie alle Lichter auf. Ihr Geschmack ist nicht differenziert. Sie will blenden, alle Blicke auf sich ziehen. Sie verschmäht die buntesten, schreiendsten Farben nicht. Das große Hotel ist jetzt mit glitzernden Girlanden umsäumt. Eine Kuppel erglänzt in der Nacht. Lichtreklame verkündet laut die Weisheiten des Geschäftes.

Autos fahren vor. Paare treffen sich und verschwinden in den hellerleuchteten Lokalen. An allen Ecken erwacht Musik und sickert auf die Straße. In den Kinos leuchten Lichter auf.

Hinter den weit aufgerissenen Scheiben sieht man die Essenden und Trinkenden. Schwitzend schleppen die Kellner Platten und Flaschen und Gläser. Ein leises Gemurmel, Schmatzen und Lachen, Schlürfen und Reden strömt auf die Straße.

Zuletzt kommen, als schlüpften sie aus verborgenen Winkeln hervor, Bettler, alte Frauen, Krüppel, abgerissene Männer. Singend, jammernd murmelnd, ihr Elend herausschreiend versuchen sie das Interesse auf sich zu ziehen.

Auch etwas zu grell geschminkte Damen tauchen auf, dort, wo noch am Morgen die Schuhputzer standen, die Zeitungsverkäufer. Sie kreisen in einer Entfernung von einigen Schritten umher, als wären sie Gefangene ... ein kleiner Ausschlag auf dem Gesicht der Straße.

Aus: Berliner Abend-Zeitung *Tempo* Nr. 127, Dienstag, 4. Juni 1929

Und das »Normale«: ohne Kohlen

Ein Rundgang in den verschiedenen Häusern in allen Gegenden Berlins, im Norden, Osten, Westen, Süden Berlins, zeigt, daß sehr viele Berliner frieren müssen. Man muß wirklich die Ruhe und Geduld der Berliner Hausfrauen bewundern, die alle Entbehrungen mit Langmut, ja Humor ertragen.

Alte, abgenutzte, nie erneuerte Häuser. Graue, hohe Mauern umschließen den Hof. In ihm eingebettet schmutziger Schnee. Unter der Liste der Einwohner die nächste Feuermelde- und Rettungsstation, das zuständige Polizeirevier. Oft sind die Häuser in einen penetranten Geruch eingehüllt: Die Wasserleitungen haben versagt. Wie in alten Zeiten laufen die Frauen mit Eimern zum Brunnen, Wasser holen.

Überall die gleichen schmutzigen Treppenhäuser. Auf eine erschreckende Art ähneln sich diese Häuser. Viele Treppenhäuser, die Portiers, die Frauen, die die Türen öffnen, ihre fahlen, kalten Wohnungen. In den ungeheizten Wohnungen öffnen sich weit die Türen. Bereitwillig zeigen die meisten, wie sie sich vor der Kälte zu schützen versuchen. Meist gibt es keine Teppiche oder Vorhänge, die die Kälte dämpfen könnten. Man verhängt also mit Decken und Kleidungsstücken die Fenster. Eine Frau hat die Fenster mit Zeitungspapier vollgestopft. Viele verkleben nach russischem Muster alle Ritzen mit Zeitungspapier. Man heizt mit Holzspänen, oft auch mit feuergefährlichem Spiritus. Der Brandgeruch in mancher Stube kommt vom Papier, das man verheizt. Holz ist teuer und so feucht, daß es kaum zu benutzen ist. Man bleibt fast genauso angezogen in der Stube, als ob man draußen wäre. Die Kohlen und die Briketts, die sich die Frauen nach stundenlangem Anstehen erkämpft haben, verheizen sie nur, wenn der Mann und die Kinder zu Hause sind. »Für mich selbst brauch ich keine Wärme«, sagen die meisten Frauen. Nur selten wird mehr als ein Raum geheizt. Viele schlafen gezwungen in der Küche. In verschiedenen kleinen Werkstätten wird gearbeitet, gekocht, gegessen und geschlafen.

Eine Frau, die gerade eine rosafarbene Torte vom Konditor geholt hatte, jammerte: »Ob ich etwas zum Heizen habe? Ich habe genau 16 Stück Briketts, und heute ist doch der Geburtstag meiner Else, und morgen wollten wir feiern. Ich stelle mich schon seit Stunden an, aber ich krieg nichts. Und heute Nacht hab ich so lebhaft geträumt, daß ich 50 Stück Briketts hätte, daß ich heute früh gar nicht glauben wollte, daß alles nur ein Traum war.«

Manchmal allerdings wird nur eine winzige Spalte der Tür geöffnet. Etwas wie Wärme scheint herauszuströmen. Dann wird die Tür schnell zugeschlagen, wenn nur das Wort Kohlen fällt. Sie befürchten sofort das Schlimmste. »Ich brauche meine Kohlen für mich alleene«. »So'ne Frechheit«. »Det jeht Sie gar nischt an«.

In einem einzigen Haus in Charlottenburg gibt es etwa 50 Wohnungen, die zum Teil noch in Untermiete vergeben sind. Aus einem einzigen Haus irren 50 Frauen in der Stadt umher und suchen Kohlen.

Aus: Berliner Abend-Zeitung *Tempo* Nr. 42, Dienstag, 19. Februar 1929

Ein Berliner Hof

Erst kommen die dienstbaren Geister, tragen Tüten und Milchkannen, führen Hunde auf die Straße, dann trippeln die Schulkinder mit Mappen über den Hof.

Wenn die Angestellten der Allgemeinen Asphalt-Gesellschaft herbeimarschieren, ist es acht Uhr. Die Nachhut besteht immer aus einer hübschen jungen Dame, die atemlos über den Hof läuft. Sie trägt immer ein Stadtköfferchen in der Hand. Was mag sie darin haben? (Die anderen haben Aktentaschen, aber als wären sie aus Glas, kann man ihren Inhalt genau erkennen. Die gleichmäßig geschnittenen Stullen, neben der Morgenzeitung.) Wenn das Bolle-Mädchen[1] mit kleinen, aber eifrigen Schritten den Hof durchquert, ist es 9 Uhr. Sie sieht aus, als käme sie aus einem Volksstück, in dem sie ein Mädchen vom Lande darstellt. So offensichtlich atmen ihre Gestalt und ihre geröteten Wangen Gesundheit aus. Dann kommen die farbenfrohen Leute der Müll-Gesellschaft, gleichmäßig im Takt dröhnend. Sie gehen fast, als wären sie Maschinen, aber einmal seufzt der eine auf: »Ach, bin ich müde.«

Langsam erwachen alle Geräusche des Hauses. Geschirrgeklapper, das Lärmen der Schreibmaschinen, das Geklingel der Telephonapparate, das Weinen der Kinder. Die Klaviere erwachen aus ihrer Stummheit, eine Koloraturstimme rieselt in Kaskaden über die Mauern. Ein Tenor schmettert und ein Bariton dröhnt aus der Pension ersten Ranges für In- und Ausländer.

Wie in einem Luxusrestaurant werden alle Speisen noch im Rohzustand vorgeführt. Die großen Fleischstücke der Pension bringt der Fleischergeselle, die Köchinnen der Vorderwohnungen tragen Geflügel. Obst und Gemüse werden vorbeigeschleppt. Die Frauen des Hinterhauses tragen in Netzen Kartoffeln, Konservenbüchsen.

Die Kinder des Hauses machen sich laut bemerkbar. Besonders die Kinder, die einer besonderen Sorgfalt teilhaftig werden. Hier sind es die Kinder des Kinoschauspielers, dieses modernen Prinzen des Lebens. Jeder Sprößling befehligt je eine Kinderpflegerin ganz für sich. Die Kinder des Hinterhauses schreien ganz auf eigene Gefahr oder machen Besorgungen.

Livrierte Boten bringen Pakete, Hutschachteln, Blumen; Leute, die Rechnungen einkassieren wollen, klingeln mit Ausdauer, doch oft vergeblich.

Eine große Rolle spielen die Hofsänger. Die Vielgestaltigkeit des Gebotenen ist unübertrefflich. Es bietet sich Gelegenheit, nicht nur die Musikanten, auch das Publikum zu studieren. Es ist lehrreich zu beobachten, daß am schlechtesten die mittelmäßigen Künstler abschneiden. Besonders gutes Musizieren erregt Interesse, doch noch viel besser ergeht es jenen, die durch herzzerbrechend und ohrenbetäubend schlechtes Spiel die Phantasie der Hörer anregen und Mitleid erwecken.

Da haben wir einen Flötenspieler, der aus seinem jämmerlichen Instrument auf überraschende Weise die angenehmsten und lustigsten Töne hervorzulocken imstande ist. Er gehört, mit seinem genial versoffenen Gesicht, zu den Könnern, die Erfolg haben. Auch in der schlimmsten Kälte öffnen sich alle Fenster, es regnet Geld. Sogar aus den Händen der erntesten weiblichen Angestellten der Allgemeinen Asphalt AG. Bis endlich der Bürovorsteher mit gerötetem Gesicht am Fenster erscheint und mit hörbarer Stimme den Flötenspieler verjagt.

Kein Bürovorsteher wagt es, die alte Frau wegzujagen, die ihre dünne zittrige Stimme hören läßt. Die bricht alle Augenblicke, wie ein alter, durchgeschabter Faden. Es dauert dann immer eine Weile, bis das Lied weitergeht, als müßte der Faden wieder eingefädelt werden. Wenn sie ihren Gesang beendet, hebt sie ihren Rock ein bißchen und dreht sich langsam im Kreise. Sie tut das, wie sie erklärt, um den Leuten nicht nur ihr Geld zu nehmen, sondern ihnen eine Freude zu machen.

Im Laufe des Tages kommen wieder Männer und rufen, als sagten sie einen Refrain her: »Kaufe alte Kleider, Zeitungspapier, Wein- und Bierflaschen«.

Aus: Berliner Abend-Zeitung *Tempo* Nr. 37, Mittwoch, 6. Februar 1929

[1] Die 1880 entstandene Molkerei Carl Bolle übernahm von den Bauern die Milchverteilung in Berlin. Bolle versprach, die Milch in Kannen an den Frühstückstisch zu bringen und fuhr diese mit Pferdewagen aus. Das Milchmädchen Anna Schnasing half mit und kassierte das Geld.

Eine ganze Stadt erholt sich
Sommer-Sonntag in Berlin

Die Straßen des großen Verkehrs, der werktätigen Geschäftigkeit, liegen wie gelähmt, ausgestorben da. Die Schaufenster zeigen ungeachtet alle ihre Schätze. Die Häuser in der Stadt sind tot. Nur einige bequeme Frauen liegen in den Fenstern. Alte Leute sitzen auf den Bänken.

Autos, Autobusse, Motorräder rattern zur Natur. Sogar die Lieferwagen wollen der täglichen Fron entrinnen und befördern umgewandelt Ausflügler. Der Kegelverein »Gemütlichkeit« strebt im Landauer ins Freie. Radler versuchen sich Weg zu bahnen.

Am Wasser ein ungeheurer Ameisenhaufen: das Freibad. Erst in der Nähe löst er sich in einzelne Wesen auf, Menschen, die sich der Sonne hingeben. Die Körper, sonst eingezwängt in Fabriken, Büros, trinken gierig Sonne und Licht.

In Treptow ist eine große, sonnige Wiese freigegeben. Kinder, Erwachsene liegen, schlafen, essen, spielen auf dem Rasen. Gruppen von Jungen und Mädchen, mit Rucksäcken bewaffnet, erobern die Wälder. Über rauschendem Stullenpapier wandeln Pärchen.

Lauben sind mit farbigen Papierschnitzeln beflaggt. »Heute Kinderfest«. Mit Gieß- und Kaffeekannen rücken die Laubenbesitzer an. Die Blumen blühen, der Kohl reift, es gibt sogar Obstbäume. Die Kinder schaukeln, die Männer rauchen, die Frauen falten die Hände über den Bauch.

Biergärten. Kaffeekonditoreien. Am Wasser. Im Wald. Oder nur einfach im Sand. Aus allen strömt Musik: Jazzband, Pauken, ein Piano zwischen die Tische gestellt. Ein heiteres Grammophon. Hier können Familien Kaffee kochen. Dort wird amerikanische Eiscream-Soda serviert. Stullen werden ausgepackt, Schlagsahne gelöffelt, Biergläser gehoben.

Es wird getanzt zu Jazzband und Grammophon. Vornehm und hitzig. Luftballone werden verkauft. Speise-Eis, Schokolade, Bananen, Ansichtskarten, Kirschen, saure Gurken, Milch, Würstchen. Man läßt sich wiegen, photographieren.

Auf dem Wasser gleiten Segelboote, Paddler, Seeradfahrer, Dampfboote, überfüllt, mit Musik, Geschrei und Lachen, versuchen einander zu überholen. Köpfe tauchen im Wasser auf. Hunderte spielen Robinson auf einer kleinen Insel unter Zelten und zünden Holzfeuer an.

In den Vergnügungsparks werden Schießbuden und Karussells schwitzend umlagert.

Weiße Gestalten werfen sich Bälle zu. Im Arbeiter-Sportverein trainieren Frauen in schwarzen Trikots. Über grünliche Hügel laufen dickliche Herren mit Golfschlägern. Hinter Bretterzäunen werden unter großem Geschrei Bälle gestoßen. Man springt, läuft, klettert, die Körper biegen sich auf Kommando nach allen Richtungen.

Abends aber, wenn die Lichter aufflammen, strömt alles wieder zurück in die Stadt. Eine riesige Völkerwanderung. Fluchend, lachend, schreiend, drängend, stoßend werden die Verkehrsmittel belagert. Die Kinder schlafen oder weinen vor Müdigkeit. Erschöpft lehnen sich die Menschen aneinander, einige schnarchen schon mit offenem Mund.

Und mit farbigen Lichtern, mit Getöse, empfängt die Stadt wieder ihre Sklaven.

Aus: Berliner Abend-Zeitung *Tempo* Nr. 150, Montag, 1. Juli 1929

Einsam in den Wartesälen

Zwischen vergoldeten Akanthus-Säulen-Kapitellen eingebettet in erdbeerfarbene Felder und vergoldete Leisten, befinden sich die Abbildungen deutscher Ritterburgen. Ein Relief-Fries von stilisierten Blättern und Gänseblümchen durchläuft die Wand. Vier vergoldete Säulen teilen den Raum und machen den Durchblick auf die gläsernen, vernickelten Büfetts mit belegten Broten, Schokolade und Keks noch malerischer.

Auf den Heizkörpern befinden sich zwei blaue Vasen. Gerade gegenüber sind, um das Gefühl der Symmetrie nicht zu verletzen, zwei weiße, große Vasen aufgestellt. Sie sind zur Abwechslung mit je zwei Kerzenhaltern flankiert. Ja, wirklich Kerzenhalter. Allerdings fehlen die Kerzen und das macht ihre Gegenwart noch mysteriöser. Wahrscheinlich sind sie nicht aus Silber, wie sie vorzutäuschen versuchen, sonst hätte sie schon ein findiger Wartesaalbesucher geklaut und wir brauchten uns nicht den Kopf zu zerbrechen. Aber das Rätsel: Kerzenhalter im Wartesaal Anhalter Bahnhof.

Die Tische sind mit Blumen geziert. Nelken aus bestem Kreppapier, die wie echt aussehen.

Das Ganze ist mit einer leichten, graufarbenen Patina aus Kohlenruß überzogen.

Potsdamer Bahnhof: Spitzengardinen, rote Portieren. An die Wand geklebte Säulen auch hier.

Liegemöglichkeiten gibt es nur am Stettiner Bahnhof. Wartesaal dritter Klasse. Einige harte Bänke, in einer abgesonderten Ecke. Ein wenig bequemes, aber umso begehrteres Nachtlager, wenn nicht gerade eine Razzia störend dazwischen kommt.

Der einzige Schmuck dieses Saales ist die Uhr, die hier dem mehr oder weniger Unglücklichen schlägt. Sie ist zwischen Wappenadler, Sonne und Mond gezwängt.

Um so freigiebiger ist die Verzierung des Wartesaales zweiter Klasse. Wenn man diesen Raum tatsächlich renovieren sollte, müßte man erst eine kleine Kopie herstellen. Zum Studium, wie die Phantasie eines Vorkriegs-Bahnhof-Architekten zur allgemeinen Zufriedenheit funktionierte.

Die modernsten Wartesäle Berlins sind auch nicht gerade schön. Mit Reklame-Freskos bemalt. Aber wir begreifen sie wenigstens.

Doch hier: wie werden zum Beispiel die Lampen angebracht? Auf das allereinfachste. Aus Löwen- oder irgendwelchen Fabelwesen-Mäulern wachsen Stangen. Sie dienen den Leuchtkörpern. Wo könnten sie sonst hängen?

Über der Heizungsanlage reihen sich schwarze, abgehauene Frauenköpfe. Den Abschluß bilden Fackeln. Auch wird die Zentralheizung sinnvoll mit grinsenden Drachenköpfen geschmückt.

Zwischen den Glastüren träumen von zwei Flügeln umgebene Frauenköpfe, mit Rosenstöcken über ihrem Haupt, über die ausfahrenden D-Züge.

Verständlicher erscheinen uns freilich andere Symbole. Da glänzt in der Mitte des farbigen Glasfensters eine Krone. Sie fehlen überhaupt nicht, die Kronen, in dem mannigfaltigen Wandschmuck. Da schweben sie, umgeben von Rad und Flügel im Wartesaal. Vielleicht wollen sie nur die Vergänglichkeit andeuten.

Aus: Berliner Abend-Zeitung *Tempo* Nr. 142, Samstag, 21. Juni 1929

Das Brautpaar läßt sich photographieren

Am Wedding. Hauptverkehrsstraße. Straßenverkäufer schreien durcheinander. Die allerneuesten Rasierapparate, Krawatten, automatisch laufende Mäuse, pickende Vögel, Patentklebeapparate, Wunder-Fleckwasser werden laut schreiend angeboten. Aber augenblicklich haben sie gar keinen Zuspruch. Das Publikum hat etwas Neues entdeckt. Alles steht vor dem Photographenladen. Vor ihm hält nämlich die Brautkutsche.

Ein taubengrauer Wagen. An allen vier Ecken kniet je ein versilbertes Engelchen. Im Inneren der beigefarbenen gepolsterten Wagens schwebt ein Myrtenkranz. Der Kutscher trägt gleichfalls eine beigefarbene Livree. Zwei silberne Streifen verbinden seinen rechten Arm mit seiner linken Schulter. Unter dem schon etwas krausen Zylinder blickt er kalt und unbeteiligt auf die Menge, aber seine große rote Nase verrät Gemütlichkeit. In seiner weißbehandschuhten Hand trägt er eine lange Peitsche mit silbernem Griff. So beherrscht er die beiden Schimmel, die schon etwas massig und träge das Treiben in Wedding betrachten.

Da stehen die Berliner und staunen. Die Männer freilich lachen und tun so, als ob sie nur aus Spaß sich den Rummel ansehen wollten, aber das Interesse der Frauen ist ganz aufrichtig. Sie berechnen die Kosten, kritisieren die Ausstattung des Wagens, ziehen Schlüsse auf die finanzielle Lage des Brautpaares.

Inzwischen kann man sich auch die Photographien im Schaufenster ansehen. Der Photograph ist ein Spezialist für Brautpaare. Sie lächeln dem Zuschauer krampfhaft entgegen und wirken, als wären sie Schauspieler aus einen Kinostück, das vor zwanzig Jahren spielt. Die Bräute tragen hochgeschlossene Atlaskleider mit Schleppen. Ihre wallenden Schleier werden von einem Myrtenkranz gekrönt. Die Männer tragen mit Würde Fräcke, die höchstwahrscheinlich einer »Leihanstalt für erstklassige Gesellschaftsanzüge« entstammen. Die Zylinderhüte werden entweder krampfhaft vor dem Magen gehalten oder sie ruhen auf einem scheinbar zu diesem Zweck in den Vordergrund geschobenen gepolsterten Stuhl.

Doch die Annahme, daß die Aufnahmen schon einige Jahrzehnte zurückliegen, trifft nicht zu. Eine ältere Frau, die über die gesellschaftlichen Ereignisse der Nachbarschaft glänzend informiert ist, weiß ihrer Nachbarin zu berichten, daß verschiedene ausgestellte Paare vor kurzem ihre Hochzeit gefeiert haben, »wer wer ist«, sie weiß überhaupt alles, was eben eine Gesellschaftsberichterstatterin interessieren kann.

Das Publikum, das ein Spalier gebildet hat und so das Brautpaar erwartet, beginnt ungeduldig zu werden. Wenn sich die Tür des Photographen öffnet, beugen sich alle Köpfe vor und man murrt enttäuscht, wenn ein alter Mann oder eine Frau mit einem Kind heraustritt.

Endlich kommt das Brautpaar. Er hat einen großen Schnurrbart und Schweißtropfen auf der Nase. Der Zylinder schwebt feierlich in seiner Hand. Sie trägt die Schleppe über dem Arm. Ihr Schleier ist mit grünen Blättchen geschmückt. Beide lassen, verlegen errötend, die mehr derben als guten Witze des männlichen Publikums über sich ergehen.

»Is doch doof so ne Hochzeit,« sagt die Freundin. Aber die Gesellschaftskundige protestiert: »Sagen Sie man das nicht. Was meine Hochzeit war, hätten Sie sehen sollen. Das Ersparte war alle. Aber so hab ich doch wenigstens eine schöne Erinnerung. Die hätt ich doch nicht von wegen meinem Mann dem Trunkenbold, dem Herumtreiber, dem Nichtstuer.«

Aus: *Berliner Abend-Zeitung Tempo* Nr. 133, Dienstag, 11. Juni 1929

Die Opernbühne der Unentdeckten

Die große Tafel, die man im Vorzimmer des Direktors in der Müllerstraße zuerst erblickt, würde sicher jeden seiner Kollegen vor Neid erblassen lassen.

»Für Zuhörer eine Mark, für Sänger: Opernpartien 2 Mark, das Lied 50 Pfennig. Die Gebühren sind nach der Vorstellung zu entrichten.«

Die Zuhörer sitzen an den rottapezierten Wänden rund um den Aufführungsraum zwischen vertrockneten Lorbeerkränzen und Photographien unbekannter Künstler mit hochtrabenden Widmungen.

Inmitten des Saales stehen die Künstler vor ihren Notenständern. Die Sänger haben sich ihrer steifen Halskragen entledigt, die Sängerinnen zupfen ihre Kleider zurecht. Der Direktor, Kapellmeister und Regisseur in einer Person, sitzt am Klavier. Denn er ist gleichzeitig auch das Orchester.

Er beginnt zu spielen. Die »Entführung aus dem Serail«. Und trotz des armseligen Instruments flutet Heiterkeit und Reinheit durch den schoflen Raum. Die Darsteller aber, die sich um die Mozartschen Melodien bemühen, sind Gestalten unserer Zeit.

Da ist Osmann. Sein Baß ist etwas eingerostet, aber er hat die großen Gebärden echter Bühnenkünstler. Tatsächlich ist er auch der einzige unter den Darstellern, der schon auf einer richtiggehenden Opernbühne aufgetreten war. Jetzt aber ist er Damenfrisör. Er entsagt gern der Nahrung, wenn er für zwei Mark, die er zu bezahlen hat, auftreten kann. Denn er will nicht aus der Übung kommen. Es gibt sicher Wege, die zur Bühne zurückführen. Diese muß, nach seinen Erzählungen, ein Schlaraffenland sein. Als Osmann bekam man echten Wein. Man aß und trank da so viel man wollte. Er erzählt von seinen Bühnenerlebnissen in einer kleinen Kneipe, nach der Vorstellung, den staunenden Dilettanten. Dabei muß er zusehen, wie die anderen kauen, während er sich mit einem Glas Bier begnügt.

Pedro, der lyrische Tenor, ist besser dran. Man nennt ihn den »kleinen Jadlowker«. Er verdankt diesen Spitznamen weniger seinen Stimmitteln, als seiner östlichen Aussprache. Aber das schadet nichts. Er ist Verkäufer in einem Kleidergeschäft seines Vaters. Und der trägt gern die Spesen seines Auftretens, denn die tenorhaften Allüren seines Sohnes haben große Wirkung auf die weibliche Kundschaft.

Konstanza, die Primadonna, ist die Gattin des Direktors. Eine blonde, füllige, lebenslustige Frau. Sie ist stolz auf ihr reiches Repertoire und ihre gesangliche Ausbildung. Aber wenn sie singt, zittert sie noch hier und heute vor Lampenfieber. Winzig und schrill verlassen die Töne die dicke Frau, ihre Passagen brechen immer wieder wie alter Faden, erschrocken zerflattern ihre Triller. Wie gut, daß sie ihn gefunden hat, den Direktor, und daß sie jetzt geborgen ist. Es wäre schrecklich, wenn sie mit dieser Stimme allein der Welt ausgeliefert wäre.

Blonde, unsere Soubrette, aber ist eine leidenschaftliche Sängerin. Sie ist eine würdige alte Dame, von über sechzig Jahren. Diese Unermüdliche, die fast jeden Abend auftritt, ist die Frau eines Versicherungsbeamten, der nichts von Musik wissen und abends seine Ruhe haben will. Für seine Ruhe berappt er die Auftrittspesen. »Ich wollte, ich könnte wenigstens einmal auf einer richtigen Bühne singen. Aber jetzt ist das nicht mehr wahrscheinlich.« Sie hat also noch immer nicht ganz die Hoffnung aufgegeben.

Blondes Geliebter ist Straßenhändler, hat zwei Kinder und hat mit seiner Frau heftige Kämpfe wegen der teuren Opernpassion. Seine gesangliche Ausbildung verdankt er der Inflation. Ein Konfektionär, der nicht wußte, was er mit seinem vielen Geld anfangen könnte, entdeckte seinen strahlenden Tenor. Er gab ihm eine Rente und bezahlte seine Gesangsstunden. Der Mäzen hoffte, einen großen Künstler der Welt zu schenken. Der Konfektionär ging zu Grunde und der Künstler singt jetzt hier. Unter der gewölbten linken, buschigen Augenbraue starrt vorwurfsvoll ein Glasauge in die Welt.

»So hätte ja doch nichts aus mir werden können«, meint er. Man tröstet ihn mit dem Glasauge einer bekannten Sopranistin. »Aber, die war nicht im Krieg. Der hat man nicht das Auge ausgeschossen, wie mir. Nein, aus mir hätte doch nichts werden können.«

Aber nächstens will er wieder singen.

Aus: Berliner Abend-Zeitung *Tempo* Nr. 284, Donnerstag, 5. Dezember 1929

Hotel der Juweliere

Ein gutbürgerliches Hotel in der Friedrichstadt. Gegend Leipziger Straße. »Bitte, nennen Sie nicht den Namen«, beschwört einen der Besitzer. »Wir leben sowieso in ständiger Unruhe.«

Ebenso wie Berlin in der Friedrichstadt ein Hotel der Artisten hat, so besitzt es eins für Juweliere. Aus aller Welt kommen sie hier zusammen, besonders aber aus Pforzheim. Wenn sie eintreffen, haben sie kleine Köfferchen bei sich: Sie sind ängstlich bedacht, den Inhalt vor Fremden verborgen zu halten. Wie oft mögen da so Zehn- oder sogar Hunderttausende an Wert in der Hand getragen werden, ohne daß man dem Besitzer etwas ansieht.

Die meisten Gäste sind schweigsam. Sie hüten sich vor Gesprächen mit Unbekannten, und selbst mit dem Wirt werden nur unverbindliche Worte gewechselt – nicht über das Geschäft.

Wenn man einen Händler auf gut Glück anspricht, ohne sich vorstellen zu lassen, blickt er einen mißtrauisch an. Wer ist der Fremde? Ein Spion der anderen? Von dem, was sie in Berlin machen, wie sie ihre Geschäfte abwickeln und vor allem, wer kauft und Juwelen abstößt – davon wollen sie kein Wort sagen. »Sollen wir die anderen erst noch darauf aufmerksam machen? Sie wissen ohnehin schon zu viel.«

Die andern – die andern – ist es die Konkurrenz? Nein – viel schlimmer: die Diebe. Jemand erinnert sich daran, das einer seiner Kollegen im D-Zug nach Berlin vor nicht allzu langer Zeit auf sonderbare Weise beraubt wurde. Der Fall ist noch immer nicht aufgeklärt. Der Diebstahl war nur möglich gewesen, weil eine Mitreisende genauestens mit den Gepflogenheiten des Juweliers und dem Inhalt seines Koffers vertraut gewesen sein muß. Zwischen zwei Bahnhöfen verschwand sie.

»Die Diebe belauschen uns auf Schritt und Tritt. Wenn sie einen Coup landen wollen, dann lohnt es sich schon, darauf Tausende für Spesen zu verwenden. Und das Schlimmste ist, daß man die Gauner so selten faßt. Und wenn man sie erwischt, ist von den Juwelen bestimmt nichts mehr wiederzubekommen. Ein Juwelendiebstahl ist keine Zufallsangelegenheit. Wird von langer Hand vorbereitet. An alles wird gedacht. Flucht ermöglicht. Komplizen decken den, der zum Schlage ausholt. Gestohlene Juwelen sind meist über alle Berge und vielleicht sogar verkauft, bevor die Polizei überhaupt die Ermittlungen aufnimmt. Selten kehren geraubte Juwelen in die Hände des Besitzers zurück. Ist es nicht – um nur ein Beispiel zu nennen – auffallend, daß von den Juwelen der Discontobank am Wittenbergplatz nicht ein einziges wieder aufgetaucht ist? Und daß sie alle noch unversehrt sind – daran glaubt wohl kein Mensch mehr.«

Ein leichtsinniges Wort. Unvorsichtigkeit in der Auswahl der Gesellschaft. Nachlässigkeit auf der Reise: Ein kleiner Fehler kann Tausende kosten. Man muß sich durch Sicherheitsmaßnahmen schützen: Eine davon ist die, nicht den Namen des Hotels anzugeben, in dem man absteigt. Man könnte ja sein Quartier wechseln, allein, das Geschäftliche wickelt sich nun einmal am besten in einer Zentrale ab. Und diese: ein einfaches Haus. Der Name läßt alles eher vermuten, als daß es Gäste birgt, die – zusammengerechnet – Millionenwerte bei sich tragen.

Aus: Berliner Abend-Zeitung *Tempo*, Nr. 252, Dienstag, 28. Oktober 1930 (nur mit M. L. gezeichnet)

Menschen in der Großstadt

Tauentzien-Girl

In der Tauentzienstraße, an der belebtesten Ecke vor einem Geschäft, stehen zwei junge Mädchen, in Kostüme gekleidet, wie sie nur die nach Erotik lechzende Seele eines Berliner Kaufmannes, eines Revue-Habitués ersinnen konnte. Eine trägt ein blutrotes Kleid, Hosen, darüber ein kurzer Rock, eine goldbetreßte Jacke, eine schief aufgesetzte Mütze und hohe Stiefel, die andere genau das gleiche in Lila. Über ihren Köpfen schwebt ein Riesenschild mit der Reklame der Firma. Beide versuchen dabei den Promenierenden Reklamezettel in die Hand zu drücken.

»Sagen Sie, wie viel verdienen Sie eigentlich mit dieser Arbeit?«, frage ich sie.

»Die erste vernünftige Frage, die wir bisher gehört haben,« sagt die Rotgekleidete, »die Leute, es ist nicht zu glauben, scheinen zu denken, wir machen das alles nur aus Spaß.«

»Ich verdien 16 Mark die Woche und arbeite acht Stunden«, sagt die Lilagekleidete.

»Und ich, achtzehn Märker nur, wo ich doch schon zwanzig bin.«

»Ich bin sechzehn«, sagt die Lilagekleidete. Ihre Mütze sitzt unerhört verwegen auf ihren Kopf, aber darunter sieht man ein rundes, zartes Kindergesicht.

»Und für das Geld muß man sich so hinstellen.«

»Ich habe mich gar nicht wiedererkannt, als ich in den Spiegel geschaut habe.«

»Das wäre 'ne passende Stellung für zwei Zille-Jungens, nicht für uns.«

»Die Berliner sind so schrecklich witzig. Keiner geht vorbei, der uns sieht, ohne etwas zu sagen.«

»Die Leute, die Witze machen, sind mir noch lieber, wie die Damen mit den Pelzen. Denen müssen wir doch unsere Zettel verteilen. Aber sie tun meist, als wären wir Luft. Nicht um die Welt würden sie die Hand hinhalten. Es kommt auch vor, daß eine sagt: ›Belästigen Sie mich doch nicht‹.«

»Das muß man alles runterschlucken.«

»Ja, und lächeln müssen wir auch dazu.«

»Dann war es doch schon besser in der Fabrik. Wir haben in einer Kartonfabrik gearbeitet. Leicht war das auch nicht, aber niemand hat uns da ausgelacht.«

»Ich hab schon gekündigt. Wir könnten eigentlich immer aufhören. Aber es tut uns doch leid ums Geld.«

»Du kannst aufhören, weil du bei den Eltern wohnst. Aber ich muß von den 18 Märkern leben. Ich wohn mit einer Freundin. Die hat einen Freund. Für den kochen wir. Er gibt die Lebensmittel und wir geben die Arbeit und essen mit. Aber auch so ist es schwer auszukommen.«

»Ich möchte lieber ein Affe sein im Zoo«, sagt die Sechzehnjährige melancholisch, dann aber fügt sie ganz geschäftsmäßig hinzu: »Hier nehmen Sie doch einen Zettel. Beim Einkauf bekommen Sie dann 10 Prozent Rabatt.«

Aus: Berliner Abend-Zeitung *Tempo* Nr. 46, Freitag, 2. November 1928

Ein Kino- und Café-Pianist erzählt

Bei allen Menschen kann irgend eine Kleinigkeit über das Schicksal entscheiden. Mein Pech begann so. Mein Vater hatte von einer Tante ein altes, heiseres Klavier geerbt. Leider wollte es ihm keiner abkaufen. Ich war ein Knirps und konnte alles, was die Hofmusikanten zum Besten gaben, schnell mit ein paar Fingern nachklimpern. Die Leute im Haus hielten mich für ein Wunderkind. Mein Alter ließ mir auch gleich Klavierunterricht geben. Kam auf's Konservatorium. Hatte freilich kein Geld für was Erstklassiges. Früher hat mich das oft gewurmt. Aber jetzt sehe ich, auch Kollegen, die die Musikschule absolviert haben und wirklich was können, sitzen auf dem Trockenen. Es gibt hundertmal mehr Talente als die paar Namen, die man kennt. Wenn einer Glück hat, haben 99 Pech.

Meine schönste Zeit hatte ich, als ich Kinopianist war. 80 Mark Wochengehalt, gute Arbeitsstunden in reiner Luft. Ein Familienvater könnte freilich damit auch nicht viel anfangen, aber den meisten Musikanten geht es eben noch viel schlechter. Musikalisch ist das meiste ja zum Heulen. Man muß schon das Publikum bzw. die Ohren bewundern, die das alles über sich ergehen lassen. Diese Kinotheken, diese »Tragicfilma« und »Comicfilma«. Diese »Jammer« für »Schmerzszenen« oder »Sturm« für »Tumultszenen«, diese »Illustrationen für erschütternde, dramatische und malerische Ereignisse«: Spielt man das über ein Jahr täglich, kann man geradezu einen Ekel vor jeder Musik bekommen.

Die Filmregisseure müßten ihre Erzeugnisse eine Woche lang mehrmals ansehen. Vielleicht würden sie dann merken, wie wenig Einfälle sie haben. Wenn ein paar Minuten ohne Begleitung gespielt wird, schreit das Publikum geradezu nach Musik. Zuzusehen, wie ein Schauspieler minutenlang im Zimmer auf- und abgeht, seine Zigarette anzündet oder seiner Geliebten in die Augen schaut, ohne Musik können das Menschen auch mit den besten Nerven nicht aushalten. Chaplin und Buster Keaton sind allerdings auch ohne Musik zu ertragen.

Aber über all das brauche ich mir nicht mehr den Kopf zu zerbrechen. Ich bin jetzt Stimmungspianist. In einem Kaffeehaus. Nicht etwa rund um die Gedächtniskirche. Nein, rund um den Alexanderplatz. Bekomme 2 Mark die Stunde. Und was man da alles noch können muß. »Schwerer Blattleser« muß man unbedingt sein. Ein schwerer Blattleser liest natürlich nicht schwer die Noten. Im Gegenteil. Er ist ein schwerer Junge im Blattlesen. Außerdem muß man natürlich eine Stimmungskanone sein und ein Refrainsänger. Das ist das Wenigste, was man von einem Kaffeehaus-Pianisten erwarten kann.

Man muß auch den Wirtsleuten natürlich Probe spielen. Das ist manchmal wirklich aufregend. Meistens sind es sehr strenge Kritiker. Man muß auch Klassisches vorspielen. Am Besten die bekanntesten Arien aus Carmen und Rigoletto. Freilich muß man auch etwas Eigenes dazugeben. Musikalische Witze machen, dazwischensingen, damit die Leute sehen, daß sie eine Stimmungskanone vor sich haben. Bei den Schlagern muß man aber mit den Allerneuesten kommen. »Wat« braust sonst die Wirtin auf, »det hat unsa Kapellmeister schon voriges Jahr jespielt, und die Leute haben jeschimpft, von wechen ollen Klamotten. Nee, Mensch, det jetzt nich.«

Wenn kein Betrieb ist, wird natürlich die Musik nach Hause geschickt. Hat man Glück, kann man bis drei Uhr nachts klimpern, singt Refraine und atmet den dicken Qualm. Hie und da bekommt die Musik Bier. In den Zwischenpausen kommen die Damen und fragen nach dem Musikstück, das gespielt wurde. Das bedeutet dann, daß man Erfolg hat.

Aus: Berliner Abend-Zeitung *Tempo* Nr. 34, Freitag, 19. Oktober 1928

Das Leben eines kleinen Pagen

Als ich vierzehn Jahre alt war, wurde ich Lehrling in einer Werkzeugfabrik. Aber ich war wohl zu schwach für die Arbeit, ich wurde krank und konnte lange nicht arbeiten. Ich habe es nicht direkt auf der Brust, aber nachts schwitze ich oft, und damals hatte ich auch Fieber und habe gehustet. Jetzt bin ich Page in einem sehr feinen Geschäft. Wir haben Kleider, Hüte, Pelze. Ich habe eine hellblaue Uniform, mit goldenen Knöpfen, ich muß sehr achtgeben, daß sie nicht schmutzig wird, denn der Stoff ist sehr empfindlich. Das ist eben das Feine daran, daß er so empfindlich ist.

Wie sie mich genommen haben, mußte ich mich messen lassen. Ich bin gerade 150 Zentimeter groß. Das war mein Glück, daß ich so klein bin, weil sie noch die Uniform von meinem Vorgänger hatten, und der war auch klein. Er sieht aus wie ein kleines Mädchen, hat damals die Besitzerin gesagt. Damals war sie netter als jetzt. Sie hat mir gesagt, ich muß immer sehr adrett sein und grundehrlich, und muß immer fein sprechen wegen der feinen Kundschaft, aber wenn sie sich ärgert, vergißt sie das, und dann kann sie ganz gut berlinern.

Ich habe zwölf Mark Wochenlohn. Wenn ich Pakete zustelle, geben die meisten Damen gar nichts, wenn sie allein sind. Wenn ihr Mann da ist, dann sagen sie meist: Gib dem netten Jungen was. Dann bekomme ich fünfzig Pfennig. Wenn eine Freundin von ihnen da ist, dann geben sie meistens auch, aber manchmal nur zehn Pfennig. Oft nehmen die Hausmädchen mir das Paket ab, dann bekomme ich gar nichts, aber manchmal etwas zu essen, Kuchen oder sonst was. Einmal hat mir eine Dame eine Mark gegeben, weil ein Herr in ihrem Schlafzimmer war.

Die Probierdamen sind noch die besten. Wenn ich ihnen Kaffee oder Zigaretten bringe, geben sie mir immer etwas. Die wissen selbst, wie es ist, wenn man Geld verdienen muß.

Meine Mutter und meine Schwester sagen mir, ich habe eine gute Stellung. Meine Schwester arbeitet in einer Buchbinderei. Sie sagt mir immer, daß ich dumm bin, weil ich die Kleider nicht beschreiben kann. Meine Mutter sagt, der Arzt sagt, die Stellung ist gesund, und das ist die Hauptsache. Aber mein Vater ärgert sich, daß ich keine Arbeit habe. Abends hat er mir immer etwas zu sagen: »Na, Junge, riechts zu Hause nich zu schlecht, wo du doch jetzt an die feinen Parföngs von den feinen Damen jewöhnt bist.« Und so Ähnliches. Mein Vater ist Bierfahrer. Ich möchte auch gern so stark sein wie er.

Mir gefällt's doch auch nicht so sehr. In der Fabrik war schlechte Luft, aber ich konnte mit den anderen immer sprechen. Aber hier sind lauter Damen, die Lehrmädchen lachen mich auch aus, weil ich allein der Mann bin.

Morgens muß ich zuerst immer mit dem Vacuum die Teppiche und die Möbel bearbeiten. Da brauche ich die Uniform noch nicht anzuziehen. Die Damen, die bei uns einkaufen, pflegen um diese Zeit noch zu schlafen. Später muß ich mich anziehen, ich trage auch weiße Handschuhe.

Wenn die Damen kommen, muß ich die Tür öffnen und den Mantel ablegen helfen. Manche Frau ist so groß, daß ich mich recken muß, dann lacht man mich aus.

Am liebsten ist es mir, wenn ich Pakete austragen muß. Wir haben kein Auto, weil wir ein kleines Geschäft haben. Ich bin dann an der frischen Luft und kann auch was anderes sehen als Damenkleider. Ich muß freilich sehr achtgeben, damit alles heil ankommt. Überhaupt, wenn ich so teure Sachen austragen muß, da muß ich oft denken, dafür müßtest du vielleicht ein Jahr lang arbeiten. Da wird mir ganz schwindlig, und ich halte das Paket fest.

Aus: Berliner Abend-Zeitung *Tempo* Nr. 44, Mittwoch, 31. Oktober 1928

Schlichter Lebensbericht einer jungen Stenotypistin

Jetzt habe ich schon meine zweite Stellung. In der ersten hat man mich zu oft ausgelacht, weil ich Fehler gemacht habe. Aber das war, weil ich zuviel über alles, was man mir diktiert hat, nachgedacht habe, weil das so anders klang wie im Leben. Aber jetzt schreibe ich schon schnell alles, was man mir sagt, und ich denke darüber nicht nach. Der Prokurist hier meint, »die Kleine, die wird's schon schaffen«. (Er sagt die Kleine und nicht »die Kleene«, wie die älteren Kolleginnen, die mich über die Schulter herab ansehen.)

Ich wohne bei meinen Eltern. Wir haben zwei Zimmer und Küche, und außer mir noch zwei Kinder. Ich bin die Älteste, die beiden anderen sind noch richtige Kinder. Vater und Mutter und die zwei Kinder schlafen im Schlafzimmer, wo zwei Betten sind, und ich schlafe im Eßzimmer auf dem Schlafdiwan. Meine Mutter sagt immer, ich habe es am besten. »Gibt nur paar Mark im Monat und hat ihr eigenes Zimmer«. Aber das stimmt nicht ganz mit dem Zimmer, weil ich doch nie schlafen gehen kann, wann ich will. Vater sitzt da mit der Zeitung, trinkt schrecklich langsam sein Bier und raucht seine Zigarre. Ich bin abends immer so müde vom vielen Sitzen, daß mir der Rücken weh tut. Wenn ich dann schlafen gehen kann, dann riecht es immer so nach Bier und Zigarre, weil doch das Fenster nicht lange offen bleiben kann, wegen dem Zug. Er ist nicht sehr bequem, der Schlafdiwan, so hart und eng, aber ich schlafe doch so gern.

Bevor ich schlafen gehe, möchte ich manchmal turnen, aber man lacht mich dann nur aus, und morgens, dann möchte ich doch so lange wie möglich liegen bleiben. Deshalb habe ich es auch gar nicht gern, wenn sonntags zu schönes Wetter ist. Dann muß ich auch früh aufstehen und helfen und mit der Familie nach dem Freibad fahren. Wenn das Wetter nicht schön ist, geh ich sonntags mit meiner Freundin ins Kino. Früher hatte ich eine so gute Freundin. Wir haben uns noch aus der Schule gekannt, wir haben immer so viel miteinander gelacht. Aber sie hat jetzt einen Bräutigam, und darauf bildet sie sich zuviel ein. Sie glaubt, sie weiß jetzt alles besser.

Ich habe erst nur 90 Mark Gehalt. Davon muß ich zu Hause 50 Mark abgeben. Wenn ich noch abrechne, was ich für Elektrische und Krankenkasse brauche, bleiben mir kaum 30 Mark. Davon muß ich mir Kleider und Schuhe und alles, was ich noch brauche, kaufen. Manchmal zu Weihnachten oder meinem Geburtstag bekomme ich etwas »Praktisches«, aber ich muß den anderen auch schenken, und so viele haben öfters Geburtstag.

Ich bin siebzehn Jahre alt. Wenn ich es erwähne, seufzen die Leute und sagen, »Sie werden erst später wissen, wie herrlich es ist, siebzehn Jahre alt zu sein.«

Aus: Berliner Abend-Zeitung *Tempo* Nr. 7, Dienstag, 18. September 1928

Die sexuelle Not der Großstadt-Kinder

In welcher sexuellen Not heute viele Kinder leben, darüber gibt erschütternde Auskunft ein sehr erfahrener, verstehender Arzt Dr. Kreuz, der die Sexualberatungsstelle in Niederschöneweide, Berliner Str. 21, leitet. Obgleich dort auch alle Anfragen Erwachsener berücksichtigt werden, will sich diese amtliche Sexualberatungsstelle in erster Linie auf Kinder konzentrieren. Sie soll nach dieser Richtung hin noch ausgebaut werden. Kinder aus allen Teilen Berlins, die sexualpathologische Züge aufweisen, werden von Gerichten, Fürsorgeanstalten, Schulbehörden dieser Stelle zur Behandlung überwiesen. Sehr häufig aber werden die Kinder von den Eltern aus eigenem Antrieb hingebracht. Die Sexualberatungsstelle wird auch oft von Gerichten in Anspruch genommen, um die Glaubwürdigkeit der Kinderzeugen prüfen zu lassen.

Im Warteraum kommen und gehen Kinder in jedem Alter. Äußerlich würde man den wenigsten etwas anmerken. Es kommen natürlich auch leichtere Fälle vor, wie schlechte sexuelle Angewohnheiten, aber leider sind die schweren Fälle in der Mehrzahl. Man findet unter ihnen alle sexuellen Abirrungen. Die allgemeine wirtschaftliche Not, die schlechten Wohnungsverhältnisse haben die verderblichste Einwirkung auf die Kinder.

Das bedeutet aber bei weitem nicht, daß nur die Kinder der Ärmsten kranke Züge aufweisen, gerade schwerste Fälle sind Kinder aus sogenannten guten Kreisen. Diese folgen dem Zug der Zeit. Dreizehn- und Vierzehnjährige gibt es unter ihnen, die regelmäßig Nachtlokale besuchen, denen die Perversitäten bekannt sind, die, um ihr Taschengeld zu erhöhen, sich prostituieren. Dr. Kreuz erwähnt den Fall einer Fünfzehnjährigen aus sehr gutem Hause, die durch die Dummheit der Mutter schon alle Tiefen des

Lebens durchschritten hat. Da sie keine gute Schülerin war, schärfte ihr die Mutter ein, zuzusehen, so schnell wie möglich an den Mann zu kommen. Hinter dem Rücken des Vaters gestattete sie ihr, Bälle zu besuchen. Sie kam auch bald an den Mann, wenn auch nicht an den richtigen und nicht an einen einzigen.

Und das Schrecklichste: mehr als die Hälfte der bei dieser Stelle eingetragenen Fällen von Geschlechtskrankheiten sind Kinder und Jugendliche.

Das aber, was bei allen Fällen, ob leicht oder schwer, schon mehr als typisch, was durchaus allgemein ist, das ist die undurchdringliche Wand zwischen Eltern und Kindern. Die Kinder sehen in ihren Eltern keine Hilfe, sondern nur die Übermacht.

Bei der Behandlung ist es eine Hauptaufgabe des Arztes, diese Wand auch durch Aufklärung der Eltern, niederzureißen. Vor allem muß natürlich das soziale Gewissen des Kindes geweckt werden. Die Behandlung kann aber nur dann erfolgreich sein, wenn das Kind absolutes Vertrauen zum Arzt hat. Während der Arzt mit dem Kinde ist, bleiben die Eltern ausgeschlossen, alles, was das Kind dem Arzt anvertraut, bleibt strengstes Berufsgeheimnis. Würde das Kind merken, daß der Arzt auch nur das Geringste den Eltern wiedererzählt, das Vertrauensverhältnis wäre verloren. Das Kind muß wissen, daß man es nicht strafen, sondern heilen will.

Wenn es irgend möglich ist, werden die Kinder nicht den Fürsorgeanstalten überwiesen, die ja leider meist in keiner Weise ihrem eigentlichen Zweck, psychopathische Kinder zu heilen, entsprechen. Ist die Fürsorge-Erziehung aber auf keinen Fall zu vermeiden, dann werden die in Deutschland fortschrittlichsten Anstalten, die in Essen für Mädchen und die in Frankfurt a. M., die modernste Anstalt, die auch Selbst-Gerichtsbarkeit der Kinder usw. eingeführt hat, für Jungen gewählt.

Die Beratungsstelle wird auch sehr viel von Kindern aufgesucht, die keinerlei pathologische Züge aufweisen, deren Eltern aber vernünftig genug sind, vom Arzt vorbeugende sexuelle Ratschläge zu verlangen. Sehr oft wollen die Eltern ihre Kinder durch den Arzt aufklären lassen. Meist handelt es sich um Zwölf- bis Dreizehnjährige, sehr oft aber bringen die Eltern Sieben- und Achtjährige. Weil diese mit lauter »aufgeklärten« Kindern spielen und die Eltern mit Fragen quälen. Sobald die Wißbegierde des Kindes geweckt ist, kann eine vernünftige Aufklärung nie zu früh sein. Während bei der Behandlung kranker Kinder die Eltern nie zugegen sein dürfen, geschieht die Aufklärung immer in ihrer Gegenwart: um den Eltern zu zeigen, wie sie ihre Kinder leiten, ihre Fragen beantworten sollen, und um auch das Natürliche, Selbstverständliche zu unterstreichen.

Aus: Berliner Abend-Zeitung *Tempo* Nr. 39, Donnerstag, 25. Oktober 1928

Damen der Gesellschaft

Die Dame mit dem aristokratischen Namen in dem viel weniger aristokratisch wirkenden Raum erzählt von ihrem neuen Unternehmen, das ihrer Meinung nach geeignet sein soll, Berlin endlich in eine wahre Weltstadt zu verwandeln. »Bisher irrten die Fremden ratlos umher und kein Sachverständiger wies ihnen den Weg. Die Damen aus der Provinz, die das Berliner Nachtleben kennen lernen wollten, waren auf ihre spießigen Verwandten angewiesen. Damen, die einen Gesellschaftsabend oder Tee gaben und mit ihren aristokratischen Gästen brillieren wollten, wußten einfach nicht, wohin sich wenden. Dies soll nun gründlich geändert werden. Denn das neu gegründete Unternehmen wird ihnen feine Hilfe angedeihen lassen.

Die Unternehmerin behauptet, glänzende Beziehungen zu den besten Gesellschaftskreisen, zu Portiers, Botschaften und Gesandtschaften zu besitzen. Durch diese werden ihr die Kunden zugeführt, die Fremdenführer, die Unterhaltung und Gesellschaft benötigen. Über die Arbeitgeber werden keine näheren Referenzen eingezogen. »Geld ist heutzutage die beste Referenz, die ein Mensch haben kann«, erklärte die aristokratische Dame.

Dagegen wird über die Arbeitnehmer eine genaue Kartothek geführt. Alles steht hier verzeichnet. Größe, Haar und Augenfarbe, Geburtsdatum und Bildungsgang, vor allem aber die zur Verfügung stehende Garderobe. Auch eine Photographie ist überall beigefügt. So kann bei der Lieferung des gewünschten Menschenautomaten kein Irrtum unterlaufen.

Wer aber braucht zu einer Teegesellschaft sagen wir einen Automaten? Bitte, da ist z.B. eine reiche, wenn auch reizlose Dame, die gern von ihren sommerlichen Eroberungen erzählt, doch die Freundinnen lächeln nur nachsichtig, oder, noch schlimmer, ironisch. Nun aber ruft sie das neue Unternehmen an. Mietet für zwei Stunden à 5 Mark eine Gesellschaftsdame mit erstklassigem Namen und Garderobe. Genaue Instruktionen gibt sie am Telefon. Diese Dame soll nun im Sommer im selben Hotel und mit ihr befreundet gewesen sein. Unauffällig muß sie nun Bemerkungen über Eroberungen der Dame einflechten. »Also, gnädige Frau, Graf X. war ganz untröstlich nach Ihrer Abreise,« oder ganz nebensächlich: »Ach, wissen Sie gnädige Frau, der kleine Y., der Ihnen immer wie ein kleiner Pinscher nachlief.« Für 10 Mark kann sie alle ihre Freundinnen ärgern. Entschieden eine Occasion.

Die hübschen und jungen Damen können als Gesellschaftsmannequins ihre Einnahmen erhöhen. Sie tragen Kleider, Hüte, Schuhe der Firmen ABC und müssen auf diplomatische Art ihre Bezugsquellen verraten.

Höhere Chancen als die Damen haben aber gut aussehende jüngere Herren, gute Tänzer, mit erstklassiger Garderobe, denn bei Gesellschaftsabenden ist die Nachfrage bedeutend größer nach ihnen. Sie können pro Stunde bis zu 10 Mark bekommen.

Dagegen bekommt eine Fremdenführerin, die Fremde in Museen herumführt oder beim Einkauf als Dolmetscherin behilflich ist, pro Stunde höchstens 2 bis 3 Mark.

Bei der Stundenabrechnung wurden bisher keine größeren Mißstimmigkeiten beobachtet, so daß vorläufig noch von der Einführung eines Taxameters abgesehen werden kann.

»Auf Geist wird kein besonderer Wert gelegt«, erklärte die aristokratische Dame. »Aber wenn eine Fremdenführerin, einer modernen Scheherezade ähnlich, den Kunden durch ihre Unterhaltung möglichst lange Stunden zu fesseln versteht, kann sie dadurch natürlich auch materiell größeren Erfolg haben.«

Aus: Berliner Abend-Zeitung *Tempo* Nr. 27, Donnerstag, 11. Oktober 1928

Wie hoch im Kurs stehen die Berliner Schönheiten?

Die schönen Mädchen, die wenig, aber glitzernd und funkelnd bekleidet sind, die »Girls«, werden viel beneidet, man schreibt über sie und fotografiert sie. Das Girl soll ja die Königin des modernen Weibstum sein, aber – dem wahrheitssuchenden Reporter erscheint auch hier die Wirklichkeit ganz anders.

Vornehme Revuen zahlen diesen Mädchen, deren Arbeit gar nicht so leicht ist, pro Abend 3,50 Mark. Ohne Probegeld. Kleine Etablissements geben entsprechend weniger.

Ein junges, hübsches Mädchen erzählte mir, daß sie zu einem sogenannten Tanzlehrer kam, der ihr versprach, sie unentgeltlich auszubilden. Die »Ausbildung« dauerte eine Woche, wonach sie öffentlich auftreten konnte in einer »Revue« im höchsten Norden, gegen eine Tagesgage von einer Mark. Für »Plastiken«, der technische Ausdruck für die nackten Schaudarbietungen, werden – das hängt vom Lokal ab – 2 bis 3 Mark für das Auftreten bezahlt. Natürlich wird überall eine tadellose Figur verlangt.

Vor einigen Tagen sah ich zufällig, daß ein Schaufensterpuppen-Geschäft für seine Bildhauerwerkstatt Modelle sucht: »Vollkommene Schönheiten«. Ich wurde neugierig, wie viel in Berlin »eine vollkommene Schönheit« verdient und erkundigte mich nach den Bedingungen. Natürlich beeilte ich mich zu versichern, daß es sich um meine Schwester handelte, die mir in keiner Weise ähnlich sehe, vielmehr eine anerkannte Schönheit sei, eine Figur habe wie eine griechische Statur, »aber schlank«. Sie sei nicht in Berlin, und ich sollte mich erst für sie umsehen, ob sie genug verdienen könnte.

»Ja, Gott, wenn sie so schön ist, kann sie ja herkommen und sich vorstellen.« Das Gehalt wäre 120 Mark im Monat.

Und wenn man sie zum Modellstehen nicht benötige, müßte sie kleinere vorkommende Arbeiten verrichten. (Die Venus von Milo hätte in Berlin nichts zu lachen.) Draußen stand schon eine ganze Reihe von Mädchen, die alle ungeduldig warteten, vorgelassen zu werden. Sie waren zwar nicht so vollkommen, wie meine imaginäre Schwester, aber sie waren doch zweifellos schön, gut gebaut, jung. Und die Urbilder der alle Leute bezaubernden Schaufensterpuppen waren gern bereit, nicht nur Modell zu stehen, sondern alle vorkommenden Arbeiten gegen so kläglichen Lohn zu verrichten.

Ich ging dann zu einem Maler. Meine Schwester war inzwischen noch schöner geworden, lebte in London und hatte Heimweh. Der Maler sah mich durchdringend an. Hielt er mich für eine Kupplerin? Endlich erklärte er, daß er für Modellstehen pro Stunde eine Mark zahle. Es möge sein, daß die Taxe auf der Modellbörse höher sei, aber er brauche keine Berufs-Modelle. Wenn er wolle, könnte er auch für 50 Pfennig Modelle bekommen, so kolossal sei das Angebot.

Zum Photographen im Osten, der »erstklassige Schönheiten« suchte, ging ich schon mit einer Photographie einer mehrfach preisgekrönten amerikanischen Schönheit bewaffnet. Der Photograph rümpfte erst die Nase, erklärte dann aber doch, das Gesicht sei ganz nett, obgleich er selbst feststellen müßte, ob es sich auch gut photographiere, vor allem aber müßte er auch die Figur sehen. Es handele sich auch um Aktaufnahmen, Reklamebilder, Postkarten. Er könne seine Modelle aber nur gelegentlich beschäftigen, aber in der Saison könnte sie immer wöchentlich etwa 10 Mark verdienen, manchmal allerdings auch nur fünf.

Die preisgekrönte Amerikanerin würde sich in Berlin wundern. In Berlin schätzt man die Schönheit – zumindest die ehrliche, arbeitsame Schönheit – nicht sehr hoch ein.

Und ich weiß nun nicht, ob es ein Lob oder ein Tadel für Berlin ist, daß in punkto Schönheit das Angebot höher zu sein scheint als die Nachfrage.

Aus: Berliner Abend-Zeitung *Tempo* Nr. 61, Dienstag, 20. November 1928

Die Geschäftsführerin eines Schönheitssalons erzählt

Eigentlich bin ich nicht unzufrieden. Ich verdiene ganz gut. Ich habe 400 Mark Fixum und Provision. In der Saison komme ich auf sechshundert, manchmal auch auf mehr. Aber was ich alles wissen und leiden muß, man kann schon sagen, eigentlich müßte ich mehr verdienen. Sprachen muß ich fließend beherrschen, Französisch, Englisch, Russisch. Ja, ich bin Russin, aber meiner Aussprache können Sie nicht anhören, daß ich keine Deutsche bin. Nicht wahr?

Ich muß die Gesellschaft kennen, die Gesellschaft von Berlin, besser als meine eigene Familie. Wenn eine Dame zu uns kommt und ihren Namen sagt, muß ich wissen, wie alt sie ist, ob sie Kinder hat, mit wem sie befreundet und mit wem sie verfeindet ist. Vor allem aber muß ich wissen, wie viel Geld ihr Mann in der Tasche hat, oder ob auch noch andere Ressourcen zur Verfügung stehen. Das ist sehr wichtig.

Die Dame kommt zu uns, möchte ein bißchen aufgefrischt werden, sie ist etwas reparaturbedürftig, sagt sie selbst. Ich sehe mir mit den Sachverständigen die Dame an. Wenn man von der Dame weiß, sie kann nicht so viel Geld ausgeben, dann darf man ihr keine große Kur verordnen. Sie würde eine kleine nicht nehmen, weil sie dann denkt, die würde ihr auch nichts nützen. Und eine Dame, von der man weiß, sie hat genug Geld, eine kleine Kur zu verordnen, wäre wirklich schade.

Ich brauche gar nicht zu sagen, daß ich selbst immer gut angezogen und gepflegt sein muß. Ich muß mich sogar immer älter machen. Denn die Jugend wird heute nur an den Alten geschätzt. So muß ich immer von meinem Jungen erzählen, als ob er die Universität besuchte, und doch ist er erst jetzt aufs Gymnasium gekommen. Vor allem aber muß ich ein sehr gutes Gedächtnis haben, muß wissen, von wem die einzelnen Damen gern bedient werden. Hat man mir das einmal gesagt, darf ich es nie wieder vergessen. Die Damen sind von ihren Vorlieben nicht abzubringen. Wir haben einen Friseur, er ist wunderbar, unvergleichlich. Keine Dame will ihn aber. Er kann nicht viel sprechen, das wäre noch nicht so schlimm, aber er will auch nicht zuhören, es macht ihn nervös, wenn die Damen erzählen, er wird grob. Aber zuhören muß man können. Alle meine Informationen über die Damen bekomme ich nur so aus beiläufigen Bemerkungen.

Bei uns wird nicht operiert. Ich glaube nicht an diese Gesichts- und Körperschneiderei. Man tut ja manches, woran man nicht glaubt, aber ich bin für ungefährliche Kuren. Ich verordne lieber ein Gummikorsett für den ganzen Körper. Es wird nach Maß gemacht. Die Dame mit all ihrem Fett wird hineingestopft, bis sie das Gefühl hat, der Schlag trifft sie sofort. Dann muß sie turnen, sich bewegen, bis sie schwitzt wie in einem Hochofen.

Eine sehr dicke jüngere Dame kommt zu mir, wollte natürlich schlank werden. Ich lasse sie in ein Korsett zwängen, sage ihr: »Schicken Sie Ihre Dienstmädchen fort, kochen Sie, scheuern Sie selbst, in vier Wochen werden Ihre Freunde Sie nicht wiedererkennen.« Am nächsten Tag brachte sie mir das Korsett zurück, sie wollte lieber dick bleiben. So sind die Damen, sie haben keine Energie, deshalb lassen sie sich lieber zerschneiden.

Die Damen, die große Kuren nehmen, sind meist die Damen in den Übergangsjahren. Sie wollen alles versuchen, auch wenn sie nicht viel Geld haben, um zu retten was noch zu retten ist. Sie sparen dann lieber vom Wirtschaftsgeld, um das Alter ein bißchen aufzuhalten. Sie tun es meist nicht wegen ihres Mannes. Um Fehler, die die Kleider ohnehin verdecken, kümmern sie sich meist nie. Die Damen sind mehr um ihre Knie, die man beim Baden sehen kann, besorgt als um ihre Büste. Manchmal kommen ganz alte, denen kann man dann alles verordnen. Denn die sind sicher plötzlich zu viel Geld gekommen. Jedenfalls, man sieht in einem Schönheitssalon sehr viel Häßlichkeit.

Aus: Berliner Abend-Zeitung T*empo* Nr. 52, Freitag, 9. November 1928

Das Warenhaus-Fräulein erzählt

Manche Leute denken sicher, es ist sehr leicht und angenehm, Verkäuferin in einem Warenhaus zu sein. In vielem ist es auch sehr schön. Man hat so viele Kollegen und Kolleginnen. Immer gibt es etwas Neues zu erzählen. Alles geht wie am Schnürchen. Es wird einem immer genau gesagt, was man zu tun hat.

Vieles aber ist auch schwer, z. B. das viele Stehen. Bei uns darf man sich acht Stunden lang nicht hinsetzen. Es gibt Warenhäuser, die auch für die Verkäuferinnen Stühle haben, die können sich wenigsten in der kurzen stillen Zeit einige Minuten ausruhen. Wir dürfen aber daran gar nicht denken.

Es ist wahr, in unserer Abteilung kommt es nur selten vor, daß gar keine Kundin da ist. Ich verkaufe Damenhüte. Nirgends muß man so aufpassen, wie bei uns. Oft probieren Frauen einen Hut nach dem anderen, nichts gefällt ihnen. Sie gehen fort. Dann erst bemerkt man unter einem Berg von Hüten ihren alten Hut, sie haben ihn gegen einen neuen ausgetauscht. Manchmal schleppen sie einen teueren Hut in das billige Lager, den Preis haben sie unbemerkt abgetrennt. Man merkt den Schaden oft erst bei der Abrechnung. Wir müssen dafür nicht aufkommen, dafür sind ja die Detektive und Detektivinnen angestellt. Aber wenn einer Verkäuferin zu oft solche »bedauerlichen Unfälle« passieren, muß man darauf gefaßt sein, bei der nächsten Gelegenheit abgebaut zu werden. Deshalb die Hauptsache: die Augen immer offen halten.

Natürlich muß man immer sehr freundlich sein. Ich habe mir zwar noch nie ausgerechnet, wie oft ich am Tage »der Hut kleidet Sie ausgezeichnet, gnädige Frau« sage, aber ich glaube doch, daß ich diesen Satz am häufigsten schon in meinem Leben gesagt habe. Wenn ich wählen könnte, ich würde nur im Spielwarenlager arbeiten. Freilich am Schönsten wäre es, wenn dort nur Kinder einkaufen würden.

Jetzt vor Weihnachten müssen wir noch mehr als sonst arbeiten, aber man verdient auch einige Mark extra. Man wird es sehr gut brauchen können. Mein Gehalt ist 135 Mark. Mein Mann, der auch Angestellter ist, verdient 220 Mark. Mittags treffen wir uns immer in einem kleinen Kaffee. Ich habe zwei Stunden Tischzeit, er hat nur eine Stunde. So geh ich immer zu seiner Arbeitsstelle. Morgens mache ich immer Stullen für uns beide zurecht, die wir essen, und dann trinken wir ein Glas Bier oder eine Tasse Kaffee dazu. Das ist unsere ruhigste Stunde. Wir können uns hier besser aussprechen als zu Hause.

Wir wohnen möbliert. Im Nebenzimmer wohnt auch ein Ehepaar und auf der anderen Seite die Wirtin, die an Schlaflosigkeit leidet. Wenn wir nach zehn Uhr manchmal lachen, dann klopft sie. Aber wenn man nur wenig Geld ausgeben kann, muß man natürlich allerlei schlucken. Abends, wenn ich nach Hause komme, mache ich uns ein Kotelett, oder koche sonst etwas, was schnell geht. Ein Vergnügen ist das meist auch nicht. Oft kochen wir drei Frauen in einer Küche, alle drei nervös und übermüdet. Dann muß ich noch abwaschen, die Küche darf ich nicht unordentlich lassen. Und alle unsere Sachen kann ich nicht in die Wäsche geben, das würde zu viel Geld kosten, ich muß auch noch waschen und bügeln.

Mein Mann hilft auch ein bißchen, aber die Männer spielen sich doch zu gern wie hilflose Kinder auf. Und ich muß doch genau so lange und schwer arbeiten, wie er, wenn ich auch schlechter verdiene. Manchmal bin ich abends so müde, daß ich gar nicht einschlafen kann. Wenn dann morgens der Wecker losrasselt, scheint mir, daß ich noch gar nicht geschlafen habe.

Und meine Arbeit kann ich doch nicht aufgeben. Wir könnten gar nicht auskommen oder gar etwas ersparen.

Und bis wir nicht etwas Geld zusammengekratzt haben, können wir nicht an eine eigene Wohnung, oder gar an ein Kind denken.

Aus: Berliner Abend-Zeitung *Tempo* Nr. 88, Samstag, 22. Dezember 1928

Eine Kellnerin erzählt

Da hab ich heute fast meine Fischglücksschuppen verloren beim Geldwechseln. Aber da sind sie ja, Gott sei Dank. Kellnerinnen sind manchmal auch abergläubisch. Warum? Weil eine Kellnerin viel Glück haben muß. Nicht so, wie Sie vielleicht denken, von wegen Liebe oder einen reichen Mann finden. So dumm ist man nicht, man weiß, im Leben geht es anders zu als im Kino. Aber eine Kellnerin muß Glück haben, wenn sie am Tag ihre 5-6 Mark verdienen will und die braucht man doch unbedingt zum Leben. Wo wir auch die Uniform selbst stellen müssen, und die Wäsche kostet außerdem eine Menge Geld.

Das Publikum denkt sicher, die Kellnerinnen verdienen viel, Prozente und extra Trinkgeld. Stimmt ja gar nicht. Oft staun ich selbst bei der Abrechnung. Das hast du nun heute verdient. Und wenn man erst Pech hat und man Gäste hat, die vergessen zu zahlen ... und ob das oft vorkommt! Manchmal sind es vielleicht auch Leute, die selbst in der Klemme sind und sich anders nicht helfen können, dann ärgere ich mich gar nicht so. Aber meist sind es solche, die es bestimmt nicht nötig hätten. Da kann ich in Wut kommen. Ich gönn' mir keinen Kuchen, keine Schlagsahne und nun wird es mir doch abgezogen. Deshalb liebe ich die Stammgäste, da muß man nicht immer aufpassen.

Was die Leute untereinander sprechen, da höre ich gar nicht hin. Das interessiert mich gar nicht. Und eine Kellnerin, die muß aufpassen, die muß nur daran denken, was die Leute bestellt haben. Wenn ich so meine eigenen Gedanken habe, das ist schon auch nicht gut. Dann verwechsle ich die Bestellungen, und die Leute ärgern sich gleich.

Wenn eine Kellnerin Pech hat, kann es ihr passieren, daß sie etwas ausschüttet. Einmal habe ich auf eine Dame einige Tropfen Zitronenlimonade geschüttet. Gleich hat sie den Geschäftsführer rufen lassen. Sie wollte, ich solle ihr ein neues Kleid kaufen. Aber so etwas passiert einem nur als Anfängerin. Jetzt kann ich mit soviel Geschirr balancieren, wie ich nur will. Mein Freund ist auch Kellner, der hat mir die Handgriffe gezeigt.

Wenn einer vielleicht denkt, daß eine Kellnerin mehr Abenteuer hat als ein Mädchen in einem anderen Beruf, dann irrt er sich. Ich meine die Kellnerinnen in den Konditoreien. Es kommt nur selten vor, daß ein jüngerer Mann uns einladen will. Mit den älteren Herren ist es anders. Die kommen meist zu einer bestimmten Zeit und bestellen fast immer das gleiche. Die haben es gern, wenn man sie fragt, wie es ihnen geht, oder warum sie gestern nicht hier waren und so. Die laden uns ins Kino ein. Aber das macht doch keinen Spaß.

Wenn ich frei habe, gehe ich nicht gern in die Konditorei. Ruft jemand »Fräulein«, muß ich daran denken, daß ich nicht aufstehen soll.

Aus: Berliner Abend-Zeitung *Tempo* Nr. 137, Samstag, 15. Juni 1929

Eine Hausfrau erzählt

Mein Mann ist Zahntechniker und verdient ganz gut. Ich meine, er verdient mehr, als die meisten Männer in unserem Haus. Freilich, wenn er selbständig wäre, könnte er mehr haben, aber dazu fehlt es uns an Kapital. Was mir mein Mann jede Woche für Essen, Wohnung und sonstige Kleinigkeiten gibt, das sind 50 Mark.

Sie möchten wissen, wie ich damit wirtschafte? Wir haben zwei Zimmer und Küche. Kostet im Monat 45. Mark. Heizung, Licht und Gas muß ich die Woche schon mit 15 Mark rechnen, im Winter ist es oft noch mehr. Für Essen dürfte ich nicht mehr als 25 Mark ausgeben. Habe zwei Kinder, fünf und acht Jahre alt. Aber mein Mann ißt doch gern manchmal etwas Gutes und so werden es meist 30 Mark. So habe ich nur 5 Mark übrig für alles was die Kinder brauchen, Kleider, Schuhe und Reparaturen für uns alle. Für mich selbst kaufe ich schon lange nichts mehr. Wenn ich von meinem Mann Geld extra verlange, müßte ich gleich jeden Pfennig, den ich ausgegeben habe, vorrechnen. Das vermeide ich lieber und spare so gut es geht.

Wie man sparen kann? Ich versuche dort einzukaufen, wo es am billigsten ist. Möglichst kaufe ich alles auf dem Markt. Wenn ich auch weiter zu schleppen habe, erspare ich doch immer ein paar Pfennige.

Wie ich meine Zeit einteile? Das ist schwer zu sagen. Weil einer Hausfrau die Zeit aus den Händen läuft. Da gibt es gar nicht viel einzuteilen. Morgens stehe ich um sieben auf, Kaffee machen, Stullen bereiten für meinen Mann. Sehen, daß sich die Kinder ordentlich anziehen. Dann Abwasch. Bis ich die Wohnung in Ordnung habe, ist es meist 10 Uhr. Danach gehe ich einkaufen. Dann mache ich das Essen fertig, bis das größere Kind aus der Schule kommt. Die Kinder bekommen ihre Hauptmahlzeit mittags, weil sie früh schlafen gehen müssen.

Wieder Abwasch. Dann muß ich einen Tag waschen, einen anderen Tag bügeln oder ich nähe, flicke, ändere Kleider um, die die Größere nicht mehr tragen kann. Wenn schönes Wetter ist, gehe ich mit den Kindern in unsere Laube. Wenn ich nach Hause komme, muß ich wieder ans Kochen denken. Noch einmal Abwasch. Schuhe putzen, Kleider reinigen.

Manchmal gehe ich mit meinem Mann ins Kino. Aber ich bin schon beunruhigt, wenn ich daran denke, daß die Kinder allein zu Hause sind.

Ich lebe in einer Großstadt, bin Berlinerin. Aber merke ich was davon? Ich denke, ich könnte in einem Dorf nicht anders leben. Manchmal machen wir sonntags einen kleinen Ausflug. Aber oft sehe ich wochenlang nichts anderes, als die Straßen der Nachbarschaft. Ich habe auch schon öfter darüber nachgedacht, ob diese Hausarbeit nicht anders eingerichtet werden könnte und ich denke, man müßte dann sein ganzes Leben anders einrichten.

Aus: Berliner Abend-Zeitung *Tempo* Nr. 165, Donnerstag, 18. Juli 1929

Ausgang eines Dienstmädchens

Nur jeden zweiten Sonntag habe ich frei. Aber der Donnerstag ist immer schön. Nach dem Mittagessen habe ich Ausgang. Donnerstag kann ich kaum essen, weil ich so schnell mit allem fertig werden möchte. Wie bin ich froh, wenn alle Töpfe auf ihren Platz stehen! Wenn mir die gnädige Frau extra Arbeit auftragen möchte, tu ich so, als ob ich nichts gehört hätte.

Wenn ich schon aus unserem Hause geh, kommt mir alles anders vor wie sonst. Da weiß ich, niemand kann mir jetzt befehlen: Lisbeth, tun Sie das oder jenes. Niemand kann mich rufen, kein Kind quälen. Kein Klingeln für mich, kein Telephon zu beantworten. Kein: Lisbeth, warum haben Sie das wieder vergessen? So fahr ich in die Stadt und bin ganz für mich. Dort treffe ich meine Freundin, die ist aus derselben Gegend wie ich. Wir gehen manchmal in ein Warenhaus oder spazieren nur so vor den Geschäften und sehen uns die Schaufenster an. Manchmal hat sich noch gar nichts verändert seit dem letzten Male. Da wundere ich mich selbst, weil mir die Zeit so lang vorkam. Dann gehen wir ein Glas Bier trinken, möglichst wo Musik ist und viele Menschen. Wenn ich Kuchen bestelle, esse ich immer langsam, weil ich, wenn ich in Stellung bin, mich immer so mit dem Essen beeilen muß. Weil es die Herrschaften nicht gern sehen, wenn ein Dienstmädchen zu lange vor ihrem Essen sitzt.

Wenn es anfängt zu dunkeln, ist es teils noch schöner, weil es dann noch heller wird von den vielen Lichtern, teils aber schlechter, weil ich dann weiß, daß die Zeit schnell vergeht.

Das viele Licht ist sehr schön. Es ist schöner in der großen Stadt als zu Hause auf dem Lande. Wie ich das letzte Mal zu Hause war, hatte ich Angst vor der großen Dunkelheit. Wenn man die Lichter hier sieht, kann man sich gar nicht vorstellen, wie dunkel es dort ist. Wenn die Geschäfte abends geschlossen sind, das ist auch besser. Da brauch ich nicht immerfort zu denken, es wäre doch schön, wenn du Geld hättest und könntest dir kaufen, was du willst. Wenn die Geschäfte geschlossen sind, könnte man auch nichts kaufen, wenn man Geld hätte, aber die Schaufenster sind beleuchtet, und man kann sehen.

Abends gibt es so vieles, wo ich hin könnte. Ins Kino oder in den Luna-Park oder zum Tanzen. Aber Donnerstag geh ich doch meist nicht in ein Kino, weil ich dahin manchmal auch an einem gewöhnlichen Tag gehen kann, wenn ich mal früher mit der Arbeit fertig bin. So geh ich meist zum Tanzen. Das ist doch das Schönste. Nicht wegen der Herrenbekanntschaften. Sondern weil mir das Tanzen Spaß macht. Die Herren, wenn sie ein Mädchen einladen, wollen ja gleich was dafür. Ich sehe mir die Männer erst mal an, bevor ich Bekanntschaft mache. Man hört so vieles, was alles einem Mädchen passieren kann. Einen Bräutigam zu finden, ist für ein Dienstmädchen schwer. Vielen Herren gefällt es nicht, wenn sie hören, man ist ein Dienstmädchen, weil sie höher hinauf möchten, vielleicht mit Kontoristinnen oder so. Aber es ist auch, weil ein Dienstmädchen nie Besuch haben kann. Weil die Herrschaft dann gleich gemein werden kann, nicht nur mit dem Mädchen, sondern auch mit dem Betreffenden. Aber ich sage doch immer gleich, daß ich in Stellung bin.

Wenn ich tanze, ist mir alles gleich. Auch Spazieren gehen ist schön und Karussellfahren, aber dann muß ich daran denken, daß ich nach Hause komme. Ganz groß steht vor meinen Augen der Wecker. Um halb sieben wird er klingeln. Es wird Freitag sein. Und der nächste Donnerstag so weit.

Aus: Berliner Abend-Zeitung *Tempo* Nr. 170, Mittwoch, 24. Juli 1929

Bankbeamter vor dem Abbau

Ein Bankbeamter erzählt mir: Ich bin Jahrgang 1890. habe den Krieg vom ersten bis zum letzten Tag durchgemacht. In dem Alter, in dem man sonst um eine sichere Lebensstellung kämpft, lag ich im Dreck und wartete auf den Tod. Anderen erging es auch nicht besser und sie haben sich heraufgearbeitet und ihr Glück gemacht. Das mag stimmen. Aber unter den vielen Tausenden gab es nur einige Glückliche und ich gehöre eben zu den Tausenden, zu dem Durchschnitt.

Nach dem Kampf draußen kamen die Kämpfe in der Heimat. Ich erinnere mich zum Beispiel an den Kampf um ein Gebiß. Das klingt sicher sehr komisch und eher lächerlich. Und doch schien er mir ebensowenig lächerlich wie der Kampf um Verdun. Meine Zähne wurden im Krieg schlecht. Zahnlos konnte ich keine Stellung suchen. Die Behörden behaupteten, meine Zähne hätten nichts mit dem Krieg zu tun. Ich mußte antichambrieren, betteln, mich vertrösten lassen. Zuletzt nahm ich einen Revolver mit. Ich weiß nicht, wollte ich mich selbst töten oder wollte ich auf den Amtsschimmel schießen. Da hatte ich endlich mein Ziel erreicht. Ich konnte Arbeit suchen.

Ich wurde Bank-Angestellter. Ich hatte die Handelshochschule absolviert. Jetzt sind es neun Jahre, daß ich dieselbe Stellung habe. Mein Einkommen ist nach allen Abzügen: 240,- Mark monatlich. Ich wohne im Norden in einem alten Haus, ohne jede Bequemlichkeit. Meine Frau macht jede Hausarbeit, auch die Wäsche, denn wir haben ja einen sehr wichtigen Ausgabeposten: ich muß immer anständig gekleidet sein. Ich muß dem Schicksal noch danken, keine Kinder zu haben. Ich bin 40 Jahre alt ...

In der Inflation, da hatten wir schöne Zeiten. Da waren wir unentbehrlich. Nächte konnten wir durcharbeiten, unsere Bekannten bestürmten uns mit Börsentipps. Wir waren jene wichtigen Persönlichkeiten, die immer wußten, wie der Dollar steht. Als Belohnung erhielten wir Papier in die Hand gedrückt. Aber wir hatten die Genugtuung, unentbehrlich zu sein.

Heute aber? Man kann es uns nicht genug einhämmern, wie überflüssig wir sind. Die Börse: eine vollkommen veraltete Institution, die heut kaum mehr eine Daseinsberechtigung hat. Die Trusts brauchen keine Börse. Die Großen machen ihre Transaktionen doch hinter den Kulissen und die Kleinen haben nur das Nachsehen. Die Banken sehen nur ein Ziel, die Administration zu verbilligen.

Wenn einer eine Reise macht, dann kann er was erzählen. Wenn früher unsere Chefs eine Reise machten, erzählten sie von dem guten Essen im Ausland oder den schönen Damen. Heute gibt es nur ein Thema: die Rationalisierung draußen. Mit geduckten Köpfen vernehmen wir von den Wundern des Auslandes. In Holland hatte man in einem Großbetrieb eine neue Buchhaltungsmethode eingeführt. Heute verrichten in der Buchhalterei zehn Angestellte dieselbe Arbeit, für die früher achtzig gebraucht wurden. Und die Karteisysteme in England. Na, und die neuesten amerikanischen Rechen- und Buchhaltungs-Maschinen. Die Fusionen. Der Ausbau zur vollständigen Konzentration. Wir sitzen da mit gesenkten Köpfen und haben nur die eine Hoffnung, daß unser Nachbar noch überflüssiger ist, als wir selbst.

Dann die neuen Maschinen. Sie machen einen Heidenlärm und wir hassen sie. In besonderen Abendkursen müssen wir noch ihre Handhabung lernen. Alles was wir in der Schule gelernt haben, entpuppt sich als vollkommen überflüssig. Die Maschinen rechnen nicht nur zuverlässiger, sondern auch schneller. Und wir stehen erst am Anfang der Entwicklung. Schon jetzt ist es eine Übertreibung, wenn wir uns Kopfarbeiter und nicht Handarbeiter nennen. Da stehen die Maschinen, die alles besser und schneller können als wir. Mancher von uns verspürt Lust, sich auf sie zu stürzen. Der Buchhalter als Maschinenstürmer. Das wäre eine neue Erscheinung unserer Zeit.

Aber natürlich begehen wir solche Verbrechen nur in Gedanken. Wir sind ja gebildete Menschen, mit höherer Schulbildung ... vor dem Abbau.

Aus: Berliner Abend-Zeitung *Tempo* Nr. 259, Dienstag, 5. November 1929

Hausdiener gesucht

Großes Gedränge vor einem Pelzgeschäft in der Leipziger Straße. Was ist geschehen? Ein Einbruch? Mord? Aber die Menge vor dem Eingang ist vollkommen einheitlich. Lauter junge Menschen, die meisten noch diesseits der Zwanzig. Manche kräftig, frisch, andere in schon abgeschabten Kleidern, mit eingefallenen, blassen Wangen, sichtbar unterernährt. Scheinen Stellungssuchende zu sein.

Diese Annahme erweist sich als richtig.

»Ist es vielleicht eine besonders gute Stellung?«

Einige lachen. »Ein Hausdiener wird gesucht, jung, kräftig. Er muß einen Führerschein 3b haben.«

»Sie wird sicher gut bezahlt, die Stellung, deshalb warten so viele.«

»Jawoll, Ganze vierzig Märker die Woche. Großartig, nicht wahr?«

»Wenn man sie nur bekäme, die Arbeit. Ich hab schon genug vom ganzen Tag zu Hause sitzen bei Muttern. Und ewig wird man mir auch nicht helfen können.«

»Du kannst wenigsten bei Muttern bleiben. Aber ich weiß nicht von einem Tag zum anderen, wo ich schlafen werde.«

»Ich sollte gar nicht weiter warten. Ich werde die Stellung doch nicht kriegen. Da steht man den ganzen Vormittag und weiß schon im voraus, es wird ja doch nichts. Bist ja schon zu alt. 26 Jahre, und die wollen nur ganz junge Leute. So kurz vor Weihnachten ohne Arbeit zu sein, wenn man verheiratet ist, das ist bös. Da läuft man jeder Arbeit nach. Aber es wird kaum Arbeit angeboten. Wie soll das erst später werden, wenn der Winter kommt.«

»Den ganzen Tag herumstehen, und das Fahrgeld zusammenkratzen, und doch ist wieder nichts. Und vierzig Pfennig sind viel Geld, wenn man sich nicht einmal genug Brot gönnen kann.«

»Ich bin zwei Stunden gelaufen. Bald kieken meine Zehen aus den Schuhen. Aber man sagt sich, du mußt alles tun, damit du Arbeit bekommst.«

»Man sollte den Erwerbslosen wenigstens umsonst Fahrscheine geben, wenn sie auf die Arbeitssuche gehen.«

»Wenn man arbeitet, denkt man, is och keen Vergnügen. Aber ganz ohne Arbeit sein, nee, das ist das Schlimmste. Und ohne ne richtige Bleibe. Was nützt einem die viele freie Zeit, wenn man kein Geld hat.«

»Ich bin seit Monaten arbeitslos.«

»Und ich habe noch überhaupt keine Arbeit bekommen. Wie soll ich dann was lernen?«

Der Geschäftsinhaber erzählt mir: »Heute morgen hatte ich eine Anzeige in der Zeitung. Lange bevor wir öffnen, standen die Leute schon an. Später war das Gedränge so groß, daß ich zeitweilig mein Geschäft schließen mußte. Es sind mindestens zweihundert Stellungssuchende hier gewesen. Einen habe ich genommen. Wie viele im ganzen angestanden haben, kann ich nicht feststellen, da der Rest sich verstreut hatte, als man hörte, daß ich schon einen angestellt habe. Sicher sind auch viele weggegangen, als sie die Menge gesehen haben.«

Aus: Berliner Abend-Zeitung *Tempo* Nr. 272, Donnerstag, 21. November 1929

Bettler erzählen

Ein junger, verhungert aussehender Mensch, der mit verzweifelter Beharrlichkeit Schnürsenkel an die Passanten zu verkaufen versucht, erzählt:

»Nein, die Ware, die ich verkaufe habe ich nicht in Kommission, ich mußte sie bezahlen. Mein Verdienst daran ist ganz gering, höchstens 25 Prozent. Die Firmen, die an Erwerbslose verkaufen, verdienen wahrscheinlich besser. Wir können uns die Ware, die wir in kleinen Mengen zu sogenannten »Großhandelspreisen« bekommen, nicht aussuchen.

Man muß schon sehr große Ausdauer haben, um etwas verkaufen zu können. Die meisten Menschen betrachten es nur als Belästigung, wenn man ihnen die Ware anbietet. Aber bis sie sich entschließen, etwas abzunehmen, bleibt nichts anders übrig, als sie zu belästigen. Das Gefühl, du mußt unbedingt deine Klamotten loswerden, sonst ist sogar dein bißchen Geld, das du angelegt hast, verloren, und du hast nicht mal trocken Brot zu essen, gibt Mut. An abweisende Mienen ist man gewöhnt.

Warum ich nicht einfach bettle? Weil ich lieber Händler bin als Bettler. Obgleich gerade die Straßenhändler vor der Polizei sich mehr in acht nehmen müssen. Hat man keinen Gewerbeschein, muß man noch Strafe zahlen, und Steuer wird auch verlangt. Aber beim Handeln auf der Straße hat man doch noch das Gefühl, zu arbeiten, eine Beschäftigung zu haben. »Schnürsenkel gefällig, die Dame, Schürsenkel?««

Ein Bettler, dessen Äußeres offensichtlich eine erfahrungsreiche Vergangenheit verrät, klagt:

»Ja, ein alter Mann wie ich sollte schon seine Ruhe haben. Aber ein Hospitant möchte ich doch nicht werden. Das sind nämlich die Leute, die schon aufs Altenteil gesetzt werden und halbe Gefangene sind. Meine Freiheit ist mir noch heute lieb. Wenn ich einen forschen Grünen sehe, mache ich lieber einen weiten Bogen.

Ja, früher ist das einem Kunden leicht passiert, daß er im Arbeitshaus landete. Heute wäre es eine schwere Aufgabe für die Herren, alle Bettler dort unterzubringen. Aber trotzdem, wenn schon einer einmal hereingerasselt ist, und ein Häusling war, kann ihm dieses Glück immer noch blühen, von wegen Vorstrafen.

Freiheit bleibt Freiheit. So schlimm es auch ist, besser bleibt es doch als das Arbeitshaus. Merkwürdige Leute findet man schon dort, das ja, besonders in frühen Zeiten konnte man von allerlei Tricks hören, wie es mancher anstellt, Mitleid zu erwecken. Meist gelingt es gerade jenen nicht, die es am nötigsten brauchen.

Ich zum Beispiel habe nicht die Gabe, in den Menschen Bewunderung darüber zu erregen, daß ich bettle. Solche, wie ich, haben es nicht leicht. Aber im Arbeitshaus, da habe ich einen getroffen, der sah aus wie ein Heiliger, mit so einem schönen weißen Bart. Er hatte so seine hundert Vorstrafen, aber wenn er ein Kaffeehaus betritt, gibt ihm jeder etwas.

Eine besondere Erlaubnis zum Betteln bekommt man nie. Nur ist heute die Polente nicht so streng. Aber was nützt das? Die Konkurrenz ist in letzter Zeit zu groß geworden. Ein alter Kunde muß sehen, wie er sich in dieser neuen Zeit zurechtfindet ...«

Aus: Berliner Abend-Zeitung *Tempo* Nr. 116, Freitag, 20. Mai 1932

Als Reporterin unterwegs

Wo gibt es Hilfe?
Opfer und Schmarotzer um den § 218[1]

Besuche bei früheren Hebammen

Während man dem Dichter Friedrich Wolf[2], dem menschlichen Arzt, den Prozeß macht, und die Stuttgarter Staatsanwaltschaft in den Kartotheken der Ärzte herumschnüffelt, können in allen Großstädten Deutschlands Kurpfuscher und Schmarotzer bedrängten Frauen ihre »Hilfe« anbieten. »Vertrauensvolle Auskunft in vorkommenden Fällen«, »diskrete Hilfe« und »sichere Mittel« werden angeboten, ohne daß die Staatsanwaltschaft dagegen einschreitet.

Ich versuche, ganz ohne Übertreibung, nur das zu berichten, was ich selbst gesehen habe. Das ist nicht viel. Man könnte tausendmal mehr sagen und es wäre immer nur ein winziger Ausschnitt aus dem ungeheueren Sumpf. Wucher, Dummheit, Schmutz, Zustände, die jeder Hygiene spotten, wuchern unter dem Schutz dieses Paragraphen.

Das Schlimmste aber ist, daß viele Frauen das alles immer noch als etwas Gottgewolltes, Natürliches hinnehmen. Sie jammern zwar, sie verzweifeln, aber es fällt Ihnen gar nicht ein, dagegen zu kämpfen. Sehr viele denken, die Hauptsache ist, daß niemand davon etwas erfährt. Und sie schweigen.

Immer noch gibt es Ärzte, die für die Beibehaltung dieses Gesetzes sind. Ihnen kann doch das gesundheitsgefährdende Treiben im Schatten diese Paragraphen nicht unbekannt sein!

Seine eigentlichen Nutznießer sind ausschließlich die mit Zuchthausstrafen bedrohten Abtreiber. Aber sie, die man angeblich mit diesem Gesetz treffen will, können sich ins Fäustchen lachen. Und sie tun es auch. Sie würden sicher moralisch empört sein, wollte man diesen Paragraphen abschaffen. Was geschähe dann auch mit ihnen, mit all den »früheren Hebammen«, den sogenannten »Ärzten«, die ihre Namen vor den Patientinnen verheimlichen, den Verkäufern von »sicheren Mitteln«, die Gifte sind, den Besitzern von Wuchersanatorien! Alle ihre schönen Einnahmen würden versiegen. Was für ein Jammer.

Sie alle tragen, trotz der angedrohten Zuchthausstrafen, gar kein Risiko. Sie wissen ganz gut, daß die Polizei beide Augen zudrückt. Sie wagt gegen sie gar nicht vorzugehen. Wie sollte sie das auch? Sie sind eben ein notwendiges Übel.

Sie mögen alle blühen, gedeihen und sich vermehren, wenn nur der Paragraph bleibt. Man sieht gern über die Schmarotzer und Schädlinge hinweg, wenn nur das sittliche Gesetz gewahrt bleibt.

Das Risiko haben die Frauen. Sie alle begleichen die Rechnung. Nicht nur, weil man ihnen Gefängnis in Aussicht stellt, wenn sie nach eigenen Gutdünken über ihren Körper verfügen wollen, sondern vielmehr, weil man sie Kurpfuschern, Nichtskönnern, Wucherern ausliefert, die ihre Gesundheit oft für immer schädigen, sie unfruchtbar machen, ja sie töten.

Vertrauensvolle Auskunft in Berlin. Freilich – Geld müssen sie haben und nicht zu knapp! Dafür wird ihnen nicht nur liebevolle Aufnahme, sondern auch Diskretion zugesichert.

Die Frauen, die in vorkommenden Fällen vertrauensvolle Auskunft gewähren, siedeln sich mit Vorliebe in den Gegenden der Bahnhöfe an. Besonders beliebt sind die Straßen um den Stettiner Bahnhof herum. Wahrscheinlich wegen der Nähe Pommerns und Mecklenburgs. Jedenfalls ist die Spanne zwischen den Preisen, die sie fordern, und der Güte des gebotenen so groß, daß man annehmen muß, sie berücksichtigen provinzielle Unschuld.

Schon diese Häuser in der Nähe des Stettiner Bahnhofs. An den Wänden des Hauses, das ich nun betrete, scheint aller Schmutz vieler Jahre zu lagern. Das Dunkel, das manche Ecken verhüllt, kann man nur als wohltätig bezeichnen. Ich möchte am liebsten umkehren, aber hier ist ja schon das Namensschild, das ich suche.

In der Wohnung herrscht überraschende Gemütlichkeit. Ein Mädchen öffnet, das einen Kuchenteller mit Mohrenköpfen und Windbeuteln in der Hand balanciert. Kinderlärm dringt heraus und nun erscheint auch die Frau des Hauses.

Sie ist freundlich: »Kommen Sie man näher ran. Sie entschuldigen: Mein Enkel hat Geburtstag, und wir haben heut' Kindergesellschaft.«

Ihre Blicke wandern prüfend über mich hin, dann ermuntert sie mich zum Reden: »Na, sagen Sie schon, was es ist.«

»Es handelt sich um eine Verwandte von mir, die nicht in Berlin lebt. Sie ist im zweiten Monat. Sie möchte wissen, was das kosten würde, und wie lange Zeit sie dafür braucht.«

»Also, wenn Sie es selbst sind – mir brauchen Sie doch nichts vorzumachen. Was ist denn dabei?! Wenn man nicht um die Sache herumredet, verständigt man sich doch schneller.«

»Es ist meine Kusine, und sie möchte den genauen Preis wissen.«

Die Frau sieht mich an, als ob sie sagen wollte: mit doofen Leuten hat man schwer. Endlich aber entschließt sie sich, die Bedingungen mitzuteilen: »Zweiter Monat? Kostet 135 Mark.«

»Das ist doch wahnsinnig viel Geld. So viel kann sie bestimmt nicht aufbringen.«

Dann kommt sie wieder zu mir zurück und sagt in sehr bestimmtem Ton: »Wenn sie lange wartet, kostet es noch mehr. Jeden Monat kostet es mehr.«

»Aber wenn man kein Geld hat.«

»Tja«, sie sagt das in einem Ton, als ob ihr ein solcher Zustand ganz unbekannt wäre. Dann aber beginnt sie von Vorteilen zu erzählen, die man dadurch erreicht, daß man sich unter ihre schützenden Fittiche begibt. Denn ihre Rolle ist nur die eines Schutzengels. »Wenn Ihre Kusine ankommt, können Sie sie gleich zu mir führen. Ich wohne ja am Bahnhof. Ich bringe sie dann zum Arzt, dann kann sie wieder zu mir kommen, sich hier ausruhen«; sie zeigt auf ein Sofa, das im Schlafzimmer steht, am Fuße eines mit Bettzeug vollgepfropften Doppelbettes. Na, und dann kann sie nach Hause fahren, und niemand weiß von nichts.«

Sie folgt meinen Augen.

»Sie können sich hier umsehen. Ich mache selbst nichts. Ich bringe Sie, ich meine Ihre Kusine, zu einem guten Arzt, da können Sie beruhigt sein.«

»So, und kann man dann den Namen des Arztes erfahren? Steht er im Ärzteverzeichnis?«

»Sagen Sie, habe ich Sie gefragt, wie Sie heißen, oder wie Ihre Kusine heißt?! Für den Arzt garantiere ich Ihnen.«

»Ja, welche Sicherheit können Sie denn geben, daß Ihr Vertrauensmann wirklich Arzt ist?«

»Sagen Sie, habe ich Sie gerufen? Ich will nichts mit Leuten zu tun haben, die so viel fragen.«

Sie entläßt mich sehr ungnädig, aber dann will sie doch einlenken: »Sie können sich die Sache noch überlegen und anrufen.«

Die nächste wohnt in einem Haus, das etwas gepflegter aussieht. Ein Dienstmädchen öffnet, und gleich nachher erscheint auch die Dame. Sie sieht recht merkwürdig aus. In einem hochgeschlossenen schwarzen Kleid hat sie Ähnlichkeit mit Pensionsvorsteherinnen, wie man sie in Kinostücken schildert. Auch das Eßzimmer, in das sie mich führt, atmet altfränkische Gediegenheit, das geschnitzte Büfett, das obligate Stilleben.

Aber die Tür zum Nebenzimmer ist offen. Und hier liegt auf dem Bett eine Frau. Sie ist sehr blaß. Sie stöhnt sehr leise.

Mit überraschender Behändigkeit ist die Würdigste bei der Tür, schließ sie schnell. Sie sieht mich an, als ob sie mir sagen wollte: du hast dich geirrt. Du hast nicht richtig gesehen. Du sitzt hier vor einer würdigen Dame in einem gediegenen Haus. Dann steht sie auf, sie beginnt mit den Stühlen zu rücken. »Nie kann dieses Dienstmädchen die Möbel richtig stellen.« Sie wendet sich jetzt wieder an mich: »Und womit darf ich Ihnen dienlich sein?«

Ich erzähle ihr nun wieder die Geschichte mit der Kusine, die in der Provinz wohnt. Auch hier bleibe ich bei zwei Monaten. Ich möchte doch gern die allgemein gültige Preislage feststellen.

Die Würdige aber ist noch teurer.

»150 M. Teuer, möglich. Aber dafür wird man erstklassigst bedient. Von einem Frauenarzt mit reichen Erfahrungen. Die junge Dame wird garantiert gesund heimkehren. Sie wird von der kleinen Operation überhaupt nichts merken. Eine Narkose. Die junge Dame soll, wenn sie kommt, acht Stunden vorher nichts essen.«

Ich verspreche ihr, meine Kusine zu benachrichtigen und ihr telefonisch noch Bescheid zu geben.

»Aber nicht wahr: vorsichtig. Sie wissen doch, die Sache ist strafbar.«

Die Würdige lächelt direkt.

Nur bis zum zweiten Monat genügt ein Ausruhen im Schlafzimmer der Hebamme. Später, wenn die Bettruhe von mehreren Tagen nötig ist, besorgt sie die Wohnung und Verpflegung. Natürlich alles ohne Anmeldung.

Bei den hohen Preisen wird außer der »ärztlichen Hilfeleistung« noch die vollkommenste Diskretion zugesichert.

Leidensweg der unverheirateten werdenden Mütter

Ich besuchte eine »frühere Hebamme« im alten Westen, die »liebevolle Aufnahme in vorkommenden Fällen« versprach. Ich mußte warten.

»Frühere« Hebammen sind viel unterwegs, das bringt der Beruf mit sich. Sie müssen doch ihre Schützlinge zu den »Ärzten« begleiten. Das Dienstmädchen leistete mir Gesellschaft. Dienstmädchen dieser Hebammen verdienten ein besonderes Kapitel.

Die meisten Hebammen verfügen über eines. Sie gehören einfach zu ihnen. In der Art, wie sie die Tür öffnen und die Augen über die Eintretenden wandern lassen. Wie sie mit halboffenem Mund jedes Wort aufzuschnappen versuchen und dabei die Uninteressiertheit zur Schau tragen. Sie müssen den ganzen Tag mit Staubtüchern und Besen herumhantieren, damit der Besucher, beim Betreten der Wohnung, gleich den Eindruck bekommt, wie sauber es hier ist.

Das Mädchen also führt mich in den Salon und sagt sehr fein, daß ich mich gedulden möchte, die gnädige Frau würde gleich kommen. Ja, es gab hier einen Salon mit künstlichen Palmen, mit einer Schale für Visitenkarten, die von zwei Engeln flankiert war, sogar eine Vitrine fehlte nicht. Durch die Glastür konnte man in das Nebenzimmer sehen, wo die Kinder spielten.

Ich bat das Mädchen um einige Auskünfte. Das aber verwirrte sie sehr.

»Ich weiß von nichts. Wenn ich etwas sage, ist es nicht gut. Wenn ich nichts sage, ist es auch nicht gut. Ich sage nichts, weil ich von nichts weiß. Ich wußte ja gar nicht, was das für eine Stellung ist. Wie ich die gnädige Frau in der Stellenvermittlung gesehen habe, dachte ich, das ist ja so eine feine Dame. Und am ersten Tag geht sie weg und sagt zu mir ›Wenn man mich sucht, dann rufen Sie mich an‹ und gibt mir ihre Telephonnummer. Und fügt hinzu: ›Sagen Sie nur ins Telephon, ich solle kommen, nichts weiter.‹ Und geht weg. Und gleich wie sie weggeht, klingelt's und ein Fräulein kommt herein und hat ganz verweinte Augen. Aber ein Fräulein, ganz fein angezogen. Die packt mich am Arm und sagt: ›Liebe Frau, helfen Sie mir, um Gottes Willen, sofort. Ich habe jetzt nicht soviel Geld, alle schicken mich weg, aber nehmen Sie, was ich habe, ich werde später alles bezahlen, soviel Sie wollen, nur helfen Sie mir gleich, sonst springe ich herunter aus dem Fenster.‹ Das Fräulein war ganz aufgeregt und fragte: ›Warum sagen Sie nichts?‹ und ich hatte doch solche Angst, ich habe nichts verstanden und ich dachte, das Fräulein wäre verrückt. Aber später, als immer Besuch kam, dachte ich, ich werde vielleicht verrückt, bis ich alles verstanden habe.«

Ja, das Leben ist nicht immer einfach.

»Mein Bräutigam sagt, ich soll nicht hier bleiben. Er sagt, wenn die was mit der Polizei zu tun bekommt, bekomme ich auch noch was mit der Polizei zu tun. Aber ich sage dann, ich weiß von nichts. Ich weiß ja auch von nichts«.

Draußen knarrt der Schlüssel der gnädigen Frau.

»Sagen Sie ihr nur, ich habe nichts gesagt. Ich habe ja auch nichts gesagt.«

Die gnädige Frau ist wirklich eine gnädige Frau. Man kann es nicht anders sagen. An den Fingern funkelt es nur so. Lauter Edelsteine. Die Nägel lang und rosig poliert. Und wie sie mich begrüßt – ganz Weltdame.

Ich möchte nun diese elegante Weltdame etwas aus der Fassung bringen und bitte sie in einem besonders schweren Fall um Rat. Meine Kusine sei im fünften Monat, ja sie nähere sich dem sechsten. Ob da noch etwas zu machen sei.

»Aber natürlich«, sie bleibt ganz Weltdame. »Garantiert, bei meinem Arzt!« (Mein Arzt, das soll wohl heißen, daß er in ihren Augen Arzt ist.) »Aber man könnte sagen, es würde fast eine regelrechte Geburt sein. Das würde schon etwas Zeit in Anspruch nehmen, und natürlich auch«, sie dreht an ihrem Brillantenring, »Geld«.

»Gnädige Frau«, sage ich ihr nun, »wie wäre es, wenn ich der jungen Dame zureden würde, ihr Kind zur Welt zu bringen. Sie könnte einige Monate in Berlin bleiben. Was würde es kosten, wenn sie bei Ihnen wohnen würde? Sie erwähnten ja, daß Sie ein ruhiges, völlig ungestörtes Zimmer zur Verfügung hätten, und sie könnte bei Ihnen niederkommen, Sie sind ja die Hebamme.«

Die Weltdame sieht mich völlig verstört an.

»Liebes Kind, das ginge nicht. Das ist völlig ausgeschlossen.«

»Aber warum denn. Ich glaube, daß der jungen Dame genügend Mittel zur Verfügung stehen würden.«

»Unmöglich. Sehen Sie«, und nun wird die Weltdame zur Mutter und wirft liebevolle Blicke durch die Glastür in das Nebenzimmer, »ich habe kleine Kinder. So etwas, nicht wahr, eine Hochschwangere, würde auffallen. Man würde im Haus und in der Nachbarschaft darüber sprechen. Es würde auch bei meiner anderen Klientel schaden. Es geht nicht. Sie müssen das begreifen.«

Ich war zuerst vollkommen sprachlos. Ich glaube falsch gehört zu haben. Ich begreife ganz und gar nicht.

»Ich glaube wirklich, ich bin zu dumm, um verstehen. Sie sagen doch, Sie sind Hebamme, obgleich Sie diese Tatsache allerdings auf Ihrem Namensschild unerwähnt lassen. Aber auf alle Fälle kann unmöglich jemand eine Hochschwangere oder eine Niederkunft anstößig finden.«

»Ist die Dame denn verheiratet?« sagt sie nun etwas spitz. »Warum bleibt sie denn da nicht lieber zu Hause?«

»Nein, sie ist nicht verheiratet. Verstößt das vielleicht gegen irgend ein Gesetz? Machen Sie sich etwa selber strafbar, wenn Sie sie aufnehmen? Oder wird gerade für den Vorschlag, den Sie vorhin machten, hohe Strafe angedroht?«

»Ich habe keine Zeit mehr. Sie können ja herumfragen, vielleicht haben Sie anderswo mehr Glück.«

Dieses Gespräch ist unmöglich? Übertrieben? Und doch ist es, so unwahrscheinlich es klingt, wahr. Man staunt manchmal selbst, wie hartnäckig Dummheit herrschen kann.

Ich erfahre das erst in vollem Umfang, als ich den Rat der Weltdame befolge. Es ist staunenswert, wie moralisch »frühere Hebammen« sein können, die doch vor dem Zuchthaus gar keine Angst haben.

Ich versuche nun, für meine imaginäre, unverheiratete Hochschwangere ein Zimmer zu suchen. Macht man einen solchen Gang als recherchierende Journalistin, kann man sich natürlich nicht wenig über die sich plötzlich ändernden Mienen von Pensionsinhaberinnen oder Zimmervermieterinnen amüsieren:

»Leider glaube ich doch nicht, daß das Zimmer frei würde. Ich habe versprochen, erst einen telephonischen Anruf abzuwarten.«

»Ich müßte mir das noch überlegen.«

»Das müßte ich erst mit meinen Mann besprechen.«

Oder nur ganz einfach: »Nein, das ginge unmöglich.«

Aber, wenn ein solcher Fall Wirklichkeit ist! Und er

müßte ja noch viel öfter Wirklichkeit sein, lebten die Menschen streng nach den ihnen vorgeschriebenen Gesetzen.

Ist es möglich, daß man heute noch Frauen ein solches Martyrium zumutet? Ja, heilige Mutterschaft!

Oder ist es vielleicht eine Berliner Sondererscheinung?

Ach nein. Ich erinnere mich an einen kleinen Vorfall, geschehen in Amerika, im Paradies der Frauen.

Ich kam als Dienstmädchen zu einer sehr vornehmen Dame nach dem Riverside Drive, einem der besten Wohngebiete New Yorks. Gleich, als ich meine Stellung antrat, begann die Gnädige schrecklich auf meine Vorgängerin zu schimpfen. Ich fürchtete gleich Ungutes auch für mich.

»Das war das gemeinste, undankbarste Geschöpf auf Gottes Boden« (nämlich meine Vorgängerin), sagte die Dame, »jahrelang durfte sie bei mir sein. Dieses entzückende Zimmer hatte sie«, sie zeigte auf den wenig anheimelnden Raum hinter der Küche, in dem ich nun wohnen sollte. »Sogar während meiner Sommerreise habe ich sie behalten. Sie brauchte nur für meinen Mann und meine Tochter zu sorgen. Kein Mädchen in ganz New York hatte es so gut wie die. Und nun, als ich nach Hause komme, stellt sich heraus, was mir diese niederträchtige Person angetan hat.«

Ich konnte es nicht erraten. Ich hoffte, daß sie ihren gesamten Schmuck gestohlen hat und dann auf und davon gegangen ist. Aber es war ganz anders.

»Denken Sie, es hat sich herausgestellt, daß sie schon hoch in anderen Umständen war, dieses gemeine Luder.«

»Ich dachte, Sie haben auch Kinder«, sagte ich nun der Gnädigen. Diese Antwort fand sie so frech, daß sie mich noch am selben Tag an die Luft setzte.

Noch ein anderer Fall. Vor einigen Monaten lebte ich längere Zeit in einer deutschen Kleinstadt, die viel von Touristen besucht wird, in einer Pension.

Einmal erzählte mir die Pensionsinhaberin: »Heute hätte ich sehr gut ein Zimmer vermieten können. Aber ich konnte es doch nicht machen. Für später hätte es mir geschadet.« Worum handelte es sich? Ein Fabrikbesitzer aus der nahen Industriestadt wollte ein junges Mädchen unterbringen. Es war Gesellschafterin bei seiner Frau, die kränklich ist. Er hatte mit dem Mädchen ein Verhältnis, mit Folgen. Sie waren bei allen Ärzten und Ärztinnen der Umgegend, alle hatten einen Eingriff abgelehnt. Da das Mädchen ablehnte zu einem Kurpfuscher zu gehen, sprach sich der Mann mit seiner Frau aus. Sie erklärte sich bereit, das Kind zu sich zu nehmen. Aber sie wollte nicht, daß das Mädchen, dem man die Schwangerschaft schon ansah, weiter in ihrem Hause blieb. Nun suchte der Mann Unterkunft für seine Geliebte.

»Er hat mir den doppelten Preis versprochen«, sagte die Pensionsinhaberin, »aber ich konnte darauf nicht eingehen. In meine Pension kommen auch Schulen. Wenn irgendeine Oberlehrerin die Sache erführe, und dafür würde die Konkurrenz schon sorgen, könnten mich alle Schulen boykottieren. Aus demselben Grunde werden die anderen sie freilich auch abweisen.«

Ja, heilige Mutterschaft!

Das Leben einer Ilse und eines Kurt

Ich möchte hier einen kleinen Bericht geben über das Leben einer Ilse und eines Kurt. Es ist eine »wahre Geschichte«, nichts Ungewöhnliches kommt in ihr vor, sie endet auch nicht besonders tragisch. Trotzdem verdient sie vielleicht aufgezeichnet zu werden, weil sie sich mit kleinen Abweichungen im Leben oft wiederholt. Es ist die Geschichte vieler Ilses und Kurts.

Ilse ist Stenotypistin. 19 Jahre alt und hübsch. Sie verdient netto 150 Mark, also etwas über dem Durchschnitt.

Sie ist eine »tüchtige Kraft«. Sie hat auch jenes freundlich liebenswürdige Lächeln, das Vorgesetzte gern sehen. Ilse wohnt erst bei ihren Eltern im Norden, in einer überfüllten Zweizimmerwohnung. Ilse hat zwei jüngere Brüder, außerdem wohnt ein Bruder der Mutter bei ihnen.

Wenn Ilse müde nach Hause kommt, erwartet die Mutter stillschweigend, manchmal aber auch ganz laut, daß sie noch etwas im Haushalt hilft. Ilse aber hat acht Stunden angestrengte Arbeit hinter sich und die Hin- und Rückfahrt in den überfüllten Verkehrsmitteln ist noch eine Arbeit für sich. Sie ist müde. Sie kann sich zwar einiges Geld für Kleider erübrigen, aber sie hat nie wirkliche Ruhe. Sie beschließt auf eigene Faust ihr Leben zu beginnen und nimmt sich ein kleines Zimmer im Westen. Nun hat sie wenigstens Ruhe. Anfangs freut sie sich auch auf die Selbstständigkeit, aber schon nach einigen Wochen merkt sie, daß auch dieses Leben nicht besser ist als das frühere. Denn jetzt muß sie immerfort rechnen.

Rechnen wir mit ihr. Das Zimmer kostet 50 Mark, Bad und Bedienung 10 Mark und Frühstück 10 Mark. Das sind zusammen 70 Mark. 10 Mark gibt sie für Fahrgeld aus 10 Mark für Schönheitspflege. Das ist für sie nun einmal eine wichtige Ausgabe, denn sie will ja ihr »Glück machen«. 20 Mark kostet das Mittagessen in der Kantine, 20 Mark bewilligt sie sich für das Abendessen. Es besteht aus Tee, Brot, Butter und Aufschnitt. Sie ißt auch etwas Obst oder eine Tomate, denn sie vergißt nicht die Vitamine. So bleiben ihr nur noch 20 Mark übrig für kleine Anschaffungen und das sonntägliche Mittagessen, das sie in der Kantine nicht bekommt.

Ein trostloses Leben. Wenn sie ins Kino gehen will und sehen, wie hübsche Mädchen doch alle ihr Glück machen, muß sie sich mit ihren Abendessen tagelang einschränken.

Aber dann wird doch alles besser. Mit ihren schönen Augen, der Greta-Garbo-Frisur, den manikürten Nägeln, macht sie Eindruck auf Männer. Sie braucht nicht jeden X-beliebigen zu nehmen. Eine schäbige, trockene Kalkulationsmaschine, mit Brille und Plattfüßen, läßt sie zum Beispiel glatt abblitzen. Doch da ist ein junger Mann aus der Propagandaabteilung, eben der anfangs erwähnte Kurt, der gut aussieht, gut gekleidet ist und gut verdient. Sie hätte nichts dagegen, wenn er merken würde, daß er ihr gefällt. Er merkt es auch bald, Gott sei Dank, und das schreckliche, unerträglich graue Leben, daß sie monatelang geführt hat, weicht einem lustigen und erfreulichen.

Sie geht mit Kurt tanzen, sie besuchen Konzert-Kaffees und Theater, er macht ihr kleine Geschenke. Mit der Zeit freilich entdecken sie, neben angenehmen Eigenschaften, auch allerlei Fehler aneinander. Sie findet ihn egoistisch und eingebildet und kritisiert ihn laut, ohne daran zu denken, Konsequenzen zu ziehen. Er übt nur im Stillen Kritik; sie ist oberflächlich, anspruchsvoll, hat keinerlei Interessen, denkt aber ernstlich an einen Rückzug. Und gerade da muß ihm das kleine »Malheur« passieren.

So nennt es die Hebamme, nach Ilses Ansicht ist es ein Unglück. Kurt findet, sie nimmt die Sache viel zu schwer, geht mit tragischer, vorwurfsvoller Miene umher, wo doch er die Schulden machen muß. Er versteht nicht, was sie durchmachen muß, die Angst, die Ungewißheit. Und im Büro darf sie nichts merken lassen. Sie darf nicht fehlen, sie muß arbeiten.

Sie haben kein Geld mehr für Vergnügungen, unlustig sitzen sie in seiner Bude. Da passiert es zum zweiten Mal. Nun aber hassen sie sich. Er kann nur mit Schwierigkeiten Geld auftreiben. Sie ist körperlich und nervlich vollkommen herunter. Er ist überzeugt, daß sie es aus Heimtücke herbeigeführt hat, um ihn so einzufangen. Sie schwört darauf, das er sie auf diese Weise loswerden will, ja, daß er nach ihrem Leben trachtet. Sie werfen sich gegenseitig alles Häßliche vor. Es ist das Ende.

Sie ist krank, fehlt, ohne sich begründet entschuldigen zu können. Sie weigert sich, zu dem Vertrauensarzt zu gehen. Sie hat nicht mehr das freundlich-liebenswürdige Lächeln, das ihre Vorgesetzten an ihr schätzen. Sie ist zerfahren. Sie läuft mit verheulten Augen herum.

Sie ist nicht überrascht, als sie ihren Kündigungsbrief in der Hand hält. Ihre Verzweifelung ist kaum größer geworden. Sie wußte, daß es so kommen würde. Auch ihr Zimmer hat man ihr gekündigt, aber das läßt sie ganz kalt. Ihre Wirtin hat mit Anspielungen nicht gespart. Sie hat auf diese Weise wissen lassen, daß sie wohl alles erraten hat. Sie läßt es sich nicht entgehen, ihre Tugend gegen ihre Jugend auszuspielen.

Und Kurt? Ihn will sie überhaupt nicht mehr sehen. Im Geschäft müssen sie sich vorläufig wohl oder übel treffen, aber sie nickt dann nur eifrig, und ihre Blicke wandern über seinen Kopf hinweg.

Er ist es zufrieden. Jedenfalls versichert er es vor sich selbst. Aber er hat ein unangenehmes Gefühl, wenn er an das Mädchen denkt. Sie sieht miserabel aus, wirklich krank und verbittert. Und es ist unleugbar, sie hat die Stellung verloren. Trägt er die Schuld? Er hat keine Lust und keine Zeit, tiefer über die Dinge nachzudenken.

Wie »Ärzte« von »früheren« Hebammen entdeckt werden

Unter den »früheren« Hebammen befand sich eine, die sich durch besondere Sanftmütigkeit auszeichnete. Sie hatte kückenhafte Augenbrauen und Haare, rötlichbraune Hasenaugen. Ihre weißschimmernde, durchsichtige Haut war mit Sommersprossen besprenkelt, die genau zu ihrer Hautfarbe paßten. Außerdem besaß sie eine weiche, einschmeichelnde Stimme, die nur liebenswürdige Worte zu modulieren fähig schien. Man hätte sie nicht anders benennen können als die Sanfte, und wegen dieser guten Eigenschaften wurde sie von mir ausersehen, mich zu »ihrem Arzt« zu führen. Ich mußte nur noch eine Bekannte überreden, die Rolle der Hilfe heischenden Dame zu spielen.

Die Sanfte führt uns. Wir haben nicht weit zu gehen, »ihr« Arzt wohnt im Nebenhaus.

Vor der Wohnungstür kein Schild.

»Wie heißt denn der Arzt?« fragen wir.

»Das darf ich Ihnen doch nicht sagen. Und das kann Ihnen auch ganz gleich sein. Die Hauptsache, daß er ein guter Arzt ist.« Die Sanfte begann schon etwas von ihrer Sanftheit zu verlieren. Der »Herr Doktor« öffnet selbst in einem weißen Kittel.

»Hier, Herr Doktor, die Dame, von der ich schon gesprochen habe.«

»Ja, Herr Doktor!«

»Nein, Herr Doktor!« Im Laufe von zehn Minuten nennt sie ihn mindestens zehnmal Herr Doktor. Wenn wir jetzt noch Zweifel haben!

Der Herr Doktor ist ein Junge von etwa zwanzig Jahren, er trägt eine große Hornbrille. Unsere prüfenden Blicke machen ihn sichtlich befangen.

Die Sanfte möchte die Angelegenheit endlich in Fluß bringen und wendet sich an meine Begleiterin. »Vielleicht läßt sich jetzt die Dame untersuchen.« Wir sehen in das Ordinationszimmer, das ganz ähnlich wie das eines Frauenarztes eingerichtet ist.

»Wünscht die Dame Narkose?« fragt der Arzt.

»Narkose? Sie haben die Dame doch gar nicht untersucht. Wie können sie mit Bestimmtheit wissen, daß eine Operation notwendig sein wird?«

Der Herr Doktor war ganz aufgebracht: »Ich muß Sie natürlich erst untersuchen, aber wir müssen doch wissen, was wir nachher machen, wenn sich Ihre Annahme als richtig erweist.«

»Ja, werden Sie das heute noch ohne weiteres feststellen können?«

»Selbstverständlich. Ich kann Sie dann gleich operieren. Sie sind dann die Sache los. Je länger Sie sie hinziehen, um so schlechter für Sie. Ich spreche doch nur in Ihrem eigenen Interesse. Sie haben doch nicht etwa Angst?«

»Ich dachte, Sie müssen erst den Harn untersuchen lassen.«

»Keine Spur. Was zu machen ist, können Sie mir ruhig überlassen. Nicht wahr, ich bin der Arzt.«

»Aber ich dachte, die Symptome allein genügen noch nicht zur Feststellung.«

Die Sanfte wurde recht ungeduldig: »Wir verlieren nur Zeit, wenn Sie so viel reden. Gehen Sie nur hinein zu dem Herrn Doktor. Ich warte hier draußen mit Ihrer Freundin.«

Jetzt begann ich in Aktion zu treten: »Wir dachten, es handelt sich um einen richtigen Arzt. Haben Sie denn wirklich ein Diplom, Herr Doktor?«

»Wenn die Dame kein Vertrauen zu mir hat, kann Sie ruhig gehen. Ich habe noch niemanden gebeten oder gezwungen, sich von mir behandeln zu lassen. Jawohl, ich habe ein Diplom, und zwar ein amerikanisches. Das ist mehr wert als die Diplome der Universitätsprofessoren. Aber jetzt will ich gar nichts mehr mit Ihnen zu tun haben.«

Doch über das Gesicht der Sanften zog ein heftiges Gewitter näher. Ein dunkles Rot bedeckte alle Sommersprossen und ihre Stimme schnappte vor Erregung über, als sie uns aufforderte, zu zahlen.

»Wofür sollen wir denn zahlen?«

Der Herr Doktor war entschieden intelligenter als die Sanfte, wir erschienen ihm weniger dumm als verdächtig.

»Lassen Sie nur die Damen gehen«, sagte er zu der Sanften beschwichtigend. Uns gegenüber blieb er vollkommen höflich: »Ich verlange von den Damen natürlich kein Honorar, versteht sich von selbst.«

Ich glaube, er hatte vor uns Angst. Aber nicht so die Sanfte: »Aber mir zahlen Sie. Ich laß mich nicht zum Narren halten. Ich führ Sie nicht zum Herrn Doktor für nichts.«

»Sie haben uns doch gesagt, der Herr Doktor ist ein richtiger Arzt. Meine Freundin hat Ihnen ausdrücklich gesagt, daß sie sich nur von einem Arzt untersuchen lassen will.«

»Und der Herr Doktor soll kein Arzt sein? Sie sind wohl nicht richtig im Kopf, Sie dumme Pute, Sie! Ihnen haben sie woll det Gehirn geklaut.«

Der Herr Doktor zwinkerte ihr verzweifelt zu. Aber das nützte gar nichts.

Sie schimpfte, wie ein Mensch mit dem reinsten Gewissen der Welt schimpfen kann. Es kam ihr keinen Augenblick zum Bewußtsein, daß sie gegen Gesetze verstieß, die man mit Zuchthaus ahndete.

Wir waren einfach Zechpreller. Wir haben sie eines Verdienstes beraubt, auf das sie schon sicher gerechnet hatte.

Der Herr Doktor aber schien zu befürchten, daß hier nicht einige Mark, sondern seine ganze Zukunft auf dem Spiel standen. Vielleicht waren wir Polizeispitzel. Während die Sanfte schrie, zitterte er. Je ausfallender sie sich zeigte, um so höflicher wurde er.

»Es ist in Ordnung. Entschuldigen Sie bitte. Die Frau weiß nicht, was sie spricht. Ich begleite Sie hinaus.«

Aber an der Tür stand, wie ein Engel mit dem flammenden Schwert, die Sanfte, um uns wieder zurückzujagen, ohne Zahlung sollten wir nicht entkommen.

Endlich stieß sie der Herr Doktor von der Tür zurück und gab uns mit vielen Verbeugungen und Entschuldigungen den Weg frei. Wahrscheinlich hat er in den nächsten Tagen sein Ordinationszimmer gemieden.

Meine Bekannte aber erklärte mir, daß ich zweifellos keine Psychologin sei. Wie konnte ich nur die Sanfte für sanft halten. Nun, ich bin überzeugt, mit der weniger Sanften wäre es uns noch schlechter ergangen.

Wie aber verhält es sich mit den »Ärzten«, die diesen Hebammen zur Verfügung stehen?

Ich habe verschiedene Berliner Ärzte befragt, ob wirklich einige mit Hebammen zusammenarbeiten. Sie haben gelacht oder sich entrüstet, jedenfalls fanden sie eine solche Möglichkeit grotesk oder absurd. Kein Arzt wäre so irrsinnig, sich mit Frauen dieser Art zu verbinden. Und wozu? Braucht der Arzt vielleicht Zutreiberinnen? Muß er nicht gerade immerfort Patientinnen, die mit solchen Ansinnen zu ihm kommen, zurückweisen?

Ein solches Verhalten wäre ganz und gar unvereinbar mit der Standesehre (ein Wort, das man sicher in keine andere Sprache übersetzen könnte), ein ganz unausdenkbarer Wahnsinn.

Aber, wie können sich dann diese Frauen immer doch auf Ärzte beziehen? Und weil sie den hilfesuchenden Frauen erzählen, es stünden ihnen gute Ärzte zur Verfügung, können sie Wucherpreise verlangen.

»Nichts wäre schlimmer«, sagte mit ein Arzt, »wollte man gegen diese ›falschen und echten Hebammen‹ vorgehen. Das wäre ein Griff in ein Wespennest. Solange dieser Paragraph bleibt, sind sie ein notwendiges und unausrottbares Übel. Sie sind nur Symptom einer Krankheit. Nur, wenn man die Krankheit selbst heilt, nämlich den Paragraphen streicht, würden auch diese unwürdigen Nebenerscheinungen verschwinden. Das ist natürlich eine Tatsache, auf die man immer hinweisen muß.

Zufällig konnte ich auch erfahren, auf welche Weise oft diese Frauen ihre Helfer suchen. Ein Medizinstudent erzählte mir, daß oft Studenten in der Charité, besonders in der Gynäkologischen Abteilung, von Frauen angesprochen werden, die von ihnen erst medizinische Ratschläge verlangen.

Sie stellen schon vorher fest, wer von den Studenten bedürftig ist. Später, wenn sie schon einiges über den Studenten wissen, machen sie ihre Vorschläge. Sie versprechen dem Studenten die Sterne vom Himmel, versichern ihm ihre Diskretion und setzen ihm lang und breit auseinander, daß ihm keinerlei Unannehmlichkeiten erwachsen können. Es ist nicht ausgeschlossen, daß Studenten, die vor dem Nichts stehen und nicht wissen, wie sie wegen Geldmangel ihr Studium beenden sollen, zuletzt in die Hand einer solchen Frau geraten.

Für sie ist das natürlich ein glänzender Fang. Die frühere Hebamme kann schönes Geld verdienen, ohne zu arbeiten, ohne etwas zu können. Sie muß nur eine verschwiegene Wohnung mieten und die Einrichtung beisteuern, was allerdings eine bedeutende Kapitalanlage ist, aber wenn etwas geschieht, ist sie auch gerichtlich nicht zu fassen.

Sie macht ja nichts selbst.

Medizinstudenten sind schon das beste, was sie ihrer Kundschaft zu bieten haben. Meist sind ihre Helfer Heilgehilfen, Krankenpfleger, ohne irgendwelche Vorbildung, die aber einen gewissen medizinischen Jargon beherrschen. Oft aber sind es Leute, die mit der Medizin gar nichts zu tun haben.

Und alle diese Hebammen, die oft gar keine sind! Man kann nicht eine Hebamme gewesen sein und dann plötzlich, ohne etwa die Praxis aufzugeben, eine »frühere« werden. Aber natürlich klingt das sehr vertrauenserweckend, und das ist eben die Hauptsache. Die Frauen, die voller Sorgen zu ihnen kommen, haben keine Zeit, sich den Kopf wegen solcher logischen Unmöglichkeiten zu zerbrechen.

Dienstmädchen, die Mütter werden

Wir wollen feststellen, wie es den Dienstmädchen, denen aus Geldmangel nichts übrig bleibt, als ein Kind zur Welt zu bringen, ergeht.

Es gibt Leute, die sie aufnehmen, trotz der »Schande«. Frauen, die ihnen eine Bettstatt abgeben und dafür einen wahren Sklavenhandel mit ihnen treiben. Sie vermitteln ihnen Stellungen. Denn es gibt auch solche Plätze, wo sie arbeiten dürfen. Zum Beispiel, als Flaschenspülerinnen in den dunklen Kellern der Weinrestaurants oder als Geschirrspülerinnen.

Auch manche Hebamme ist bereit, sie aufzunehmen. Echte Hebammen, nicht »frühere«. Die Dienstmädchen dieser echten Hebammen sind oft Schwangere.

Natürlich bekommen sie keinen Lohn. Das wäre ein bißchen viel verlangt ... Ein so übertrieben gutes Herz darf man nicht haben. Ja, sie müssen sogar eigenes Geld haben und müssen sich verpflichten, bei ihrer Brotherrin gegen entsprechendes Honorar niederzukommen.

Ich suche eine solche Hebamme auf. Sie wohnt in der Nähe der Schlachthöfe. Der süßliche Geruch von Blut und totem Fleisch dringt in die Höfe.

»Riecht das hier immer so?« frage ich die Frau, die vor mir die Treppe hinaufgeht.

»Nur wenn der Wind sich nach unserer Seite dreht. Aber ich merke jetzt auch nichts. Meine Nase ist es schon gewöhnt.«

Um den gewölbten Leib des Dienstmädchens, das öffnet, ist eine schmutzige Schürze gebunden. Ihr Gesicht ist fahl. Sie hat etwas Müdes, Gleichgültiges an sich, mit schleppender Stimme ruft sie die Hebamme: »Es will Sie jemand sprechen.«

Diese Wohnung ist anders als die der »früheren«. Das ist kein Inselchen, das inmitten des Schmutzes unbedingt sauber erscheinen möchte. Sie wehrt sich nicht gegen ihre Umgebung, sie paßt sich ihr an. Sie ist armselig, schlecht gelüftet. Und doch dringen die Schlachthofgerüche herein und vermählen sich mit dem durchdringenden Aroma eines billige Seefisches. Schmutzige Tücher liegen herum, entkorkte Flaschen stehen an Tischkanten. Ein Kamm taucht zwischen Mullrollen auf.

Man sieht, die Kundschaft ist hier arm. Leuten, die kein Geld haben, braucht man nichts vorzumachen. Die können sich freuen, wenn sie überhaupt irgendwo bedient werden. Und das ist keine Vermittlerin. Sie arbeitet selbst.

Nun schiebt sie sich durch die Tür und erscheint in eigener Person. Sie muß sich tatsächlich durch die Tür schieben, denn in ihrer ganzen Breite könnte sie nicht ohne weiteres durch die etwas enge Pforte gelangen. Auf dieser kurzen, in die Breite gezerrten Gestalt sitzt ein ebenso unwahrscheinlich breiter Kopf. Sie lacht. Alle Falten ihres fettigen, glänzenden Gesichtes lachen. Sie sieht aus wie eine asiatische Gottheit, ich glaube, sie ist unter dem Namen »Gott des Lachens« bekannt. Aber diese Frau, was hat sie mit dem Gott des Lachens zu tun? Was erregt so ihre Heiterkeit?

Aber es scheint kein besonderer Grund vorzuliegen. Ihr Gesichtsausdruck ändert sich nicht, während sie mich ausfragt.

»Sososo. Eine Bekannte haben Sie, die Dienstmädchen ist. Schwanger ist sie und hat kein Geld. Das ist eine schlimme Sache. Da kann ich ihr nicht helfen.«

Während sie spricht, lacht sie über das ganze Gesicht, als könnte sie vor lauter Vergnügen nicht an sich halten. »Die Entbindung kostet doch Geld. Die Entbindung muß sie bezahlen. Dachten Sie, das geht umsonst?«

Ich bekenne ihr, daß ich nicht so ganz Bescheid wußte. »Hat sie denn gar kein Geld?« Sie schien doch etwas Interesse für meine Bekannte zu haben.

»Doch, etwas Geld hat sie schon.« Ich kann sie unmöglich so enttäuschen.

»Vielleicht kann ich sie dann irgendwo unterbringen. Hat denn die Herrschaft schon etwas bemerkt? Im sechsten Monat kann sie es noch gut verbergen, wenn sie sich schlau anstellt. Mein Mädchen haben Sie ja gesehen. Die kommt Weihnachten nieder. Nach Weihnachten könnte ihre Freundin kommen, wenn sie mir gefällt und wenn sie Geld hat.« Wenn ich ihre Worte nicht genau vernehmen könnte, müßte ich meinen, sie erzählt die heitersten Geschichten, die man sich ausdenken kann.

Ihr Fett schimmert in gemütlichen Falten, ihre Augen blinzeln zwischen den Fleischpolstern lustig, als hätte sie den besten Witz gemacht.

Draußen steht das Mädchen mit dem dicken Leib. Sie hat einen Eimer Kohlen vor sich stehen. Wahrscheinlich hat sie sie gerade aus dem Keller geholt. Ihre Schürze ist noch schmutziger geworden. Ihre Hände sind dunkel vom Kohlenstaub. Sie liegen jetzt fest auf den Hüften. Die Lippen sind eingekniffen. Sie sieht müde und mißmutig aus.

»Wie viel Geld müßte sie denn haben?«

»Die Entbindung kostet 150 Mark. Bis zur Entbindung könnte sie unentgeltlich bei mir wohnen. Müßte nur im Haushalt mithelfen. Arbeit schadet nichts. Im Gegenteil. Es geht dann viel leichter. Kann sie kochen?«

»Das glaub ich wohl.«

»Und wenn ich sie nehme, müßte sie mir das Geld gleich geben. Wenn sie kommt, muß sie mir das Sparkassenbuch zeigen.«

Ich frage das Mädchen. »Gefällt es Ihnen hier?«

Sie macht ein Gesicht, als ob sie sagen wollte: dumme Frage. »Was soll einem denn hier gefallen?«

»Aber nicht wahr, die Frau verkauft auch Mittel. Sie sieht mir danach aus. Hat Ihnen denn nichts geholfen? Es ist doch schrecklich, was Sie durchmachen müssen.«

»Ich habe gar nichts versucht.«

»Nichts versucht?«

Sie hebt jetzt ihre Augen. Sie sind groß, grau und sehr klar. Sie sagt ganz leise: »Ich will ein Kind haben.«

Unten auf der Straße spürt man noch stärker den Fleischgeruch, den die Schlachthöfe ausstrahlen.

»Beratungsstellen für Frauen und Mädchen, die sich in Not befinden«

»Beratungsstellen für Frauen und Mädchen, die sich in Not befinden.« Das zieht sicher bei den Unglücklichen. Oder es genügen auch kurze Hinweise, wie »langjährige Erfahrung«, »behördlich geprüft«, »ärztlich geprüft«, »20 Jahre Erfahrung«, »ärztlich empfohlen«.

Einige dieser »ärztlich Geprüften« begnügen sich nicht mit einer einfachen Vermittlungsgebühr. Sie untersuchen auch. Gegen ein Honorar von 2 M, ja sogar schon für 1,50 M.

Warum nicht? Wenn eine Frau zu ihnen kommt, um sich untersuchen zu lassen, ist sie sicher schwanger, und wenn sie es auch nicht sein sollte, was schadet es der »ärztlich geprüften«, wenn sie auch eine überflüssige Operation vermitteln sollte?! Sicher nicht das geringste.

Es sieht nicht anheimelnd bei der »ärztlich Empfohlenen« aus; ihr »Ordinationszimmer« ist aufs primitivste ausgestattet: ein Waschtisch mit imitierter Marmorplatte, eine angeschlagene Schüssel steht auf ihr. Über der Sofalehne liegt ein nicht ganz sauberes Tuch zusammengefaltet, das Ungenutztheit vergeblich vortäuschen will. Ein unbestimmbarer Geruch liegt über dem ganzen Raum.

Die Frau, robust, mit großen, breiten Händen, ist von gönnerhafter Herablassung. In diesem Zimmer ist sie jeder gegenüber, die sie aufsucht, die Stärkere. Es gibt kein Appellieren gegen ihren Spruch.

»Legen Sie ab, Kind« sagt sie und geht zu der gebrochenen Schüssel, um sich die Hände zu waschen. Dann streift sie mich mit einem Blick und erklärt. »Sie sind im zweiten Monat.«

Sie prüft die Wirkung dieser blitzschnellen Diagnose.

Es fällt mir wirklich schwer, ernst zu bleiben.

Aber es ist eigentlich nett von ihr, daß sie so niedrig geraten hat. Eine »frühere Hebamme« der ich von meiner Kusine, die im fünften Monat ist, erzählte, sagte mir auf den Kopf zu: »Die sind sie ja selbst. Glauben Sie, Sie können mir etwas vormachen?«

Und als ich ihr etwas beleidigt erwiderte, daß ich doch nicht wie eine Schwangere aussähe, entgegnete sie mir: »Bilden Sie sich man das nicht länger ein, daß man Ihnen das nicht ansieht.« Ja, so kann man sich etwas einbilden.

Als sie nun das zusammengefaltete Tuch über dem Sofa ausbreitet und mich auffordert, mich hinzulegen, fühle ich mich feige werden und trete den Rückzug an.

Ich verzichte auf die weitere Konsultation.

Sie sieht mich etwas unsicher an. Scheine ich ihr doch verdächtig. Ich wage es nicht, ihr die 1.50 M, die sie für die »gewissenhafte Untersuchung« fordert, vorzuenthalten.

Und doch ist noch diese Kategorie »früherer«, »ärztlich geprüfter« Hebammen nicht die schlimmste. Die gefährlichsten sind die Frauen, manche von ihnen sind Hebammen, sehr viele aber reinste »Autodidakten«, die auf die primitivste Weise selbst Eingriffe vornehmen.

Mit den gefährlichsten Mitteln, unter Außerachtlassung der einfachsten hygienischen Maßnahmen. Wie viel kommen um, unter den Händen dieser Hilfegebenden!

Denn natürlich braucht auch eine halbwegs komfortabel eingerichtete Hebamme Kapital. Sie braucht zwei Wohnungen, einen Helfer und ärztliche Instrumente. Freilich, dieses Kapital trägt ihr reichlich Zinsen. Sie kann schröpfen, hohe Preise fordern.

Die anderen, die keines haben, bei denen man weder Nettigkeit noch Sauberkeit entdecken kann, die selbst in Massenquartieren wohnen, müssen billiger ihre Dienste anbieten. Dienste, die Lebensgefahr für die Frauen bedeuten, die sich ihnen ausliefern müssen.

Und wie sie es eilig haben! Sie haben keine Zeit, sich lange mit ihren Patientinnen abzugeben.

Ich betrete die Wohnung einer »billigen Hebamme«. Vom Flur kommt man sofort in die Küche. Es wird gewaschen. Es wird gekocht. Im Dunst stehen und sitzen mehrere Frauen, schreien Kinder. Eine hagere Frau kommt mir entgegen und führt mich in ein dunkles, mit Möbeln vollgepfropftes Zimmer.

Ich erkundige mich nach ihren Preisen. Sofort beginnt sie in einem Schrank zu kramen, holt ein Instrument hervor. Will mit mir ins Nebenzimmer. Schnell bin ich wieder bei der Küchentür: »Es handelt sich ja gar nicht um mich. Ich wollte nur wissen, wie viel Geld man braucht. Ich frage für eine Freundin, die keine Zeit hat.«

Die Hagere ist ehrlich empört: »Was kommen Sie her, meine Zeit zu stehlen? So 'ne Frechheit. Erst noch viel herumzufragen.«

»Hygienische Artikel«

Es gibt noch Frauen, die für zehn Mark, für fünf Mark, für drei Mark Hilfe bieten. Eine Hilfe, bei der sich die Hilfesuchenden in schrecklichen Krämpfen winden, denn die Hilfe ist ja Gift. Die Krankenkassen und Ärzte versagen ihren Beistand, für falsche oder echte Hebammen hat man kein Geld, was bleibt also übrig: Gift.

Auch die »hygienischen Artikel« werden auf verschiedene Art geboten. Für Anspruchsvolle und für Anspruchslose, wobei sich natürlich die Ansprüche nach dem Geldbeutel richten müssen.

Man kann im Westen sich mit Gift eindecken und auch im Norden.

Im Westen zum Beispiel, in einer der belebtesten Geschäftsstraßen, wird man von Damen im weißen Kittel empfangen. Es gibt einen Warteraum mit Broschüren. Offiziell werden nur Bedarfsartikel für Empfängnisverhütung verkauft.

Aber bei diskreter Anfrage nach Mittel gegen »Störungen bei der Menstruation« erhält man bereitwillige Auskunft. Es gibt die schönste Auswahl. Man bekommt sogar ein gedrucktes Preisverzeichnis: »Gegen Beschwerden bei der monatlichen Regel.«

Es werden Menstrualtropfen angeboten, extra stark. Und natürlich garantiert unschädlich, mit einem Ausrufezeichen. Allerdings wird empfohlen, in hartnäckigen Fällen gleichzeitig auch Menstrualtee und Menstrualpulver, die, wie versichert wird, nicht schlecht schmecken, zu nehmen. Es werden auch Damen-Dragees angeboten, die sogar einen angenehmen Geschmack haben. Alles von zuverlässiger Wirkung. Jahrzehntelang erprobt! (Die Ausrufezeichen stammen alle nicht von mir, sondern von den Verfassern des Preisverzeichnisses).

Die Aufmachung läßt natürlich nichts zu wünschen übrig. Wenn man sie sieht, kann man nicht zweifeln: hier wird erstklassige Medizin angeboten. Außerdem: Versand erfolgt durch die Apotheke!

Würde es nicht merkwürdig berühren, wenn man Kataloge über Einbrecherwerkzeuge auf Wunsch erhalten könnte, mit der Zusicherung, sie seien von zuverlässiger Wirkung. Jahrzehntelang erprobt. Versand erfolgt durch das zuständige Polizeirevier.

Allerdings ist ja wahr, daß Einbrecherwerkzeuge gegen das Privateigentum sich richten können und somit unvergleichlich radikaler verfolgt werden müssen als Gifte, die nur Frauenleben schädigen können.

Und wie sehen die »hygienischen Artikel« aus, die im Norden dem ganz kleinen Geldbeutel zur Verfügung stehen?

Das Haus, in dem sie feilgeboten werden, sieht aus und riecht, als wollte es die ganze Scheußlichkeit, zu der eine Mietskaserne fähig ist, aufs ausdrücklichste dokumentieren.

In der Mitte des Hofes prangt ein riesiger Müllkasten. Seitlich sind die übelriechenden Latrinen angebracht. Doch der Hauswirt gestattet nicht, daß jeder des Genusses, sich hier aufzuhalten, teilhaftig wird. Eine große Tafel besagt: »Das Spielen im Hofe ist verboten.«

Und eine andere: »Unbefugten ist ungebührlich langes Herumstehen im Hofe oder im Flur untersagt.«

Es wirkt nicht überraschend, als eine Frau die Tür öffnet, die genau, aber haarscharf genau so aussieht, wie man sich als Kind eine Hexe vorgestellt hat. Die Brust ist vollkommen eingefallen, aus den Hüften springt ein riesiger Bauch. Das bißchen Fleisch des Körpers scheint sich hier zu konzentrieren. Sonst sieht man nur Knochen und gelbliche, rissige Haut. Die grauen Haare fallen zottig in die Stirn. Ein Auge starrt, von einer grauen Pupille überzogen, tot in die Luft.

»Sie haben hygienische Artikel gegen Störungen?«

Ja, das hat sie. Eine ganze Anzahl von hygienischen Artikeln. Manche ganz harmlos. Aber es kostet immerhin Geld. »Zutaten« für heiße Fußbäder. »Das zieht«, sagt sie. Es ist ganz gewöhnlicher Leim.

Manches ist weniger harmlos. Tampons, mit Arsenlösung getränkt. Und vor allem Pulver mit Zutaten, die alle klingen, als wären sie Worte aus einem Gedicht: »Apiol, Aloe, Gartenraute, Sadebaum, Frühlingssafran.« Aber ihre Wirkung ist weder poetisch noch schön. Ja, in großen Mengen genossen, können sie unter schrecklichen Qualen allen Peinlichkeiten des Lebens ein Ende machen.

Staatsanwälte suchen nichts Verbotenes in teuren Sanatorien

Wie atmet man auf, wenn man dann wieder die Welt des Erlaubten und Gesetzlichen betritt. Wie schön sind die Sanatorien, die nur das »Legale« tun!

Zum Beispiel das Sanatorium hinter golden schimmernden Bäumen. Schneeweiß, mit weißen Margueriten in den Fenstern. Mit der Reihe von schnittigen Autos vor den Toren.

Innen duftet das ganze Haus nach Sauberkeit. Die Seifenlauge hat alle weißen Kacheln, jede Ritze und Ecke erreicht, jedes Schmutzkörnchen weggespült. In großen durchsichtigen Vasen leuchten Blumen. Die Glasscheiben blinken. Nickel blitzt fleckenlos, schneeweiß ist das Leder der Tragsessel.

Die Pflegerinnen halten ihre etwas verwaschen wirkenden Hände ein wenig entfernt von der gesteiften Uniform, als müßten sie darauf achten, daß die Makellosigkeit nicht zerdrückt wird.

Und der Arzt? Er ist die Ordnung selbst. Eine liebenswürdige und lächelnde Ordnung. Hier ist keine schmierige Diskretion mehr. Er fragt mich nach meinem Namen und Adresse und bringt mich so etwas in Verlegenheit. Ich sage ihm schnell einen, der mir einfällt.

Er schreibt ihn sogar in ein Buch. Hier hat man nichts zu verheimlichen. Ich schäme mich geradezu, daß ich schwindele. Ich tue so, als ob ich die Gepflogenheiten des Hauses bereits kennen würde. Ich frage ihn ohne Umschweife, wann er mich in sein Sanatorium aufnehmen könnte. Ich wollte mich operieren lassen. Ginge es, sagen wir, schon morgen.

Ob ich mich von meinem eigenen Arzt operieren lassen will. Nun merke ich doch, daß ich nicht so ganz genau Bescheid weiß.

»Ich dachte, Herr Doktor, daß vielleicht ein Arzt des Sanatoriums ...«

Er scheint auch nicht mehr vollkommenes Vertrauen zu mir zu haben. »Sie müssen ein ärztliches Attest haben. Ist es in Ordnung?«

Er streckt die Hand aus, als ob er es gleich einsehen wollte.

»Nein, ich habe noch kein Attest. Ich wollte erst mit Ihnen sprechen.«

Er schweigt.

»Meine Lunge ist angegriffen«, sage ich ihm bekümmert. Er sagt immer noch nichts.

»Vielleicht könnten Sie, Herr Doktor, mir einen Arzt empfehlen, der mich untersucht.«

Er lächelt. Er schreibt. Er gibt mir die Adresse eines Arztes. Nichts Unerlaubtes geschieht. Nichts, das gegen die Gesetze verstößt.

»Rufen Sie mich dann an«, sagt er.

»Wird alles in Ordnung gehen?« frage ich ihn besorgt.

Er liebt es nicht, wenn man zuviel fragt.

»Also, auf Wiedersehen«

»Kann ich schon morgen kommen?«

»So eilig. Und, wenn es übermorgen wird, ist das schlimm?« Nein, wie könnte hier etwas schlimm sein.

»Bin ich Ihnen etwas schuldig, Herr Doktor?«

Er wird doch nicht die Unverschämtheit haben, gleich Geld zu verlangen.

Nein, das tut er auch nicht. Wir sind ja Gott sei Dank in einer feinen Umgebung. Hier sagt man nicht: »Haben Sie auch Geld?« »Zeigen Sie erst Ihr Geld«, oder ähnliches. Man tut im Gegenteil so, als ob Geld etwas Nebensächliches wäre.

»Wir liquidieren das später« sagt er. Auf den falschen Namen. Jetzt bin ich draußen, und habe ihn gar nicht gefragt, was alles kosten würde. Schlechte Reporterin.

Aber es war eben unmöglich, das profane Wort: »Wie viel?« auszusprechen. Ich hätte mich wahrscheinlich auch lächerlich gemacht. Spricht man hier über Preise?!

Gleichzeitig mit mir verläßt eine Dame das Haus. Sie schreitet über die goldfarbenen Blätter hinweg, die den Boden bedecken, zu ihrem Auto. Es ist stahlblau, und ganz und gar schnittig. Die Pflegerin bringt ihr ein kleines Köfferchen nach.

Gerade fährt ein Auto vor, genau so schnittig, nur ist es taubengraufarben. Ihm entsteigt eine Dame, mit einem kleinen, kleinen Köfferchen. Die Pflegerin entnimmt es ihr.

Die beiden Damen sehen sich an und lachen. Sie kennen sich.

»Sie Glückliche. Sie kommen und ich gehe erst. Ich möchte es auch erst überstanden haben.«

»Angst. Wie kann man nur. Sie haben keinen Schneid. Es hat mir geradezu Spaß gemacht, hier zu sein.«

Jetzt lacht auch die zweite Dame.

Die erste gibt Gas und winkt: »Hals- und Beinbruch. Und auf Wiedersehen nächste Woche im Grün-Gelb-Klub.«

Die Straße ist ganz in herbstliche Farben gehüllt. Wie atmet man hier ruhig in dieser Welt der strengen Gesetzlichkeit und Sauberkeit.

Aus: *Volks-Zeitung für das Vogtland*, Plauen, Nr. 91 bis 99 vom 19. bis 30. April 1931

[1] Seit 1871 regelt der Paragraph 218 den Schwangerschaftsabbruch.
[2] Friedrich Wolf (1888-1953) war ein deutscher Arzt und Schriftsteller. 1929 leitete sein Drama *Cyankali* eine ausgedehnte Diskussion über den Abtreibungsparagraphen ein.
[3] Der Stettiner Bahnhof (später Berliner Nordbahnhof) war einer der großen Berliner Kopfbahnhöfe an der Invalidenstraße im Bezirk Mitte. Ab dem 1. August 1842 fuhren von hier die Züge der Stettiner Bahn in Richtung Eberswalde, Angermünde, Stettin und später bis nach Pommern.

Entdeckungsfahrt durch Deutschland

Auf den nördlichsten Landstraßen Deutschlands

Was Fischer und Siedler erzählen

Heute ersetzen Autobusse Postkutschen. Sie erreichen die entlegensten Dörfer und Gutshöfe. Sie sind trotz ihres eleganten Äußeren nicht hochnäsig wie Eilzüge und verschmähen auch die armseligsten Häusergruppen, einsame Dorfschenken nicht. Sie vermitteln zwischen Stadt und Land, rücken die Ferne in greifbare Nähe.

Trotzdem scheint Schleswig-Holstein unendlich weit. Es dauert lange, bis ein Haus, ein einsames Gehöft auftaucht. Die kleinen Ortschaften haben Namen, als wären sie Lagerlöfschen Romanen entstiegen. Sie heißen Fleckeby, Griby, Haddeby. Man könnte überhaupt meinen, man sei im Ausland, wenn so viele unverständliche Worte das Ohr berühren. Erst beim aufmerksamen Zuhorchen ist es zu erkennen, daß es Deutsch ist, das mit solcher Behutsamkeit zwischen fest aneinander gepreßten Zähnen gelispelt wird.

In einem Hof, einem uralten Fachhaus mit Strohdach, höre ich aber überraschend eine Frau echt berlinerisch sprechen. Ihr Mann ist Holsteiner, sie eine Bauerntochter aus der Mark. Sie sind Siedler. Das Haus war eine Scheune, die sie selbst instand gebracht haben. Anfangs ging alles gut, aber heute stehen sie vor der Pfändung.

Das ist merkwürdig. Ein Städter denkt immer, wenn er so vieles einsames Land, solche weite unbebaute Flächen sieht: Hier hätten doch ungeheuer viel Menschen Platz.

Man gäbe doch Land denen, die nicht wissen wohin. Aber da stimmt etwas nicht ganz.

In Schleswig-Holstein, das zu den wenigst bewohnten Landstrichen Deutschlands gehört, wurde ein großer Siedlungsplan mit bedeutenden Mittel durchgeführt. Etwa 2500 Familien wurden angesiedelt, aber trotz aller Mühe und Arbeit ertönen auf den entlegensten Landstraßen die gleichen Klagen: »Was soll aus uns werden, wenn man uns Dach und Land nimmt?« »Wir wissen nicht, wie es mit der Frühjahrsbestellung wird, wir haben keinen Dünger, kein Geld für die nötigsten Anschaffungen.« »Wir haben nichts wie Schulden. Am liebsten möchte man alles stehen lassen, wie es ist, aber wohin dann?«

In den Gasthäusern am Wege spielt das Grammophon: »Das gibt's nur einmal«. »Ich bin ja so glücklich«, um die Gäste zu erfreuen. Manche Wirte haben sich, obgleich ein Auto noch immer ein Ereignis für sie ist, neuzeitlich umgestellt und auf einem altertümlichen Gasthaus verkündete eine nagelneue Tafel: »Schnellimbiß zum Autoliebchen«.

Auf den Weiden im Dithmarschen trotz Schnee riesige Schafherden. Aufschriften verkünden eine Polizeiverordnung, wonach es strengstens verboten sei, den Schafen nachzujagen. Schafe wollten eben ihre Ruhe haben, nur haben sie jetzt größere, als ihren Besitzern lieb ist. Es lohnt sich kaum, sie zu verkaufen, sagen sie; sie durchzufüttern ist noch schwieriger. Auf dem berühmten Husumer Viehmarkt wissen die brüllenden Tiere kaum das Glück zu schätzen, das ihr Leben dank der Absatzkrise rettet. Aber die Viehhändler und Züchter fluchen.

Die See, Fischerdörfer tauchen auf. Möwen umkreischen die leeren Sommerhotels. Eis durchwebt die Netze, die am Ufer aufgespannt liegen. Niedrige Häuser, die Fenster senken sich fast auf die Erde. Es ist schwer, sich vorzustellen, daß in diesen winzigen Hütten die mächtigen breitschultrigen Gestalten, wie im Film die »Helden des Meeres« dargestellt werden, Platz haben können. In Wirklichkeit sehen sie auch ganz anders aus. Sie stehen dünn und mager, manche von ihnen schon etwas abgerissen, eine Pfeife im Mund, die aber nicht immer raucht, vor einem Haus, das sich in seiner idyllischen Dörflichkeit in keiner Weise von den anderen unterscheidet, aber über seiner Front verkünden schwarze Buchstaben das dunkle Wort »Arbeitsamt«. Sie diskutieren. Ihre Kutter liegen eingefroren in der Förde.

»Früher hatten wir nur Segelschiffe, wir konnten nicht so viele Fische fangen wie heute, wo jeder einen Motor in sein Boot eingebaut hat, aber wir konnten den Fang verkaufen. Heute wirft man die Fische zurück ins Meer, weil man nicht weiß, wie man sie los werden soll.«

»Dabei kauft manche große Fischverarbeitungs-Firma in Altona und auch anderswo Heringe in Belgien, wo wir selbst nicht wissen, wohin mit dem Segen.«

»Dabei wird doch jetzt allerlei Neues erfunden, damit es möglich ist, schneller zu arbeiten. Es sollen Schiffe, wenn sie auf Fang fahren, mit Flugzeugen ausgerüstet werden, damit sicherer die Stellen gefunden werden, wo Heringsschwärme auftauchen.«

Ist sie so anders, diese Welt der weiten Ebenen, der Meere?

Aus: Berliner Abend-Zeitung *Tempo* Nr. 49, Samstag, 27. Februar 1932

St. Pauli in der Krise

»Ein Glas Milch für die Dame!«

»Das Ganze macht bald keinen Spaß mehr.« Ja, früher war ein Kellner eines Bierhauses an der Reeperbahn ein gemachter Mann, heute weiß er kaum, ob seine Trinkgelder das Fahrgeld decken.

Die Zahl der Bars, Cafés mit »intimen Liegen«, der Kneipen, Kinos, Theater, Tanzpaläste, Varietés hat sich kaum vermindert. Im »Trichter« flitzen noch immer weltstädtisch in unübersehbarer Reihe prächtige, glitzernde Tanznummern vorbei in einer Ausstattung, die nichts von Krise ahnen läßt. Aber eines fehlt. Das alte Publikum, die Matrosen mit dem Geld, das lose in der Tasche saß.

»Ja, die Leute haben nicht einmal Geld übrig für das Panoptikum«, meint die Kassiererin mürrisch und blickt mit einiger Verachtung auf die Menge, die die Schaukästen vor dem Eingang belagert, aber keine Miene zeigt, hereinzuspazieren. »Und wir haben doch die neusten Attraktionen drin, die kann man nicht umsonst zeigen.«

Drinnen steht auch wirklich schon Matuschka und beweist, daß Eisenbahnattentäter ebenso wenig besondere Merkmale zeigen wie Politiker, nur daß sein Anzug, dank seiner späteren Einlieferung, bedeutend ansehnlicher ist als der Wilsons oder Hoovers, von der einstigen kaiserlichen Familie gar nicht zu reden, die sich abgesehen von ihren stark verwitterten Seidenfähnchen, Uniformen und Rosengirlanden noch in vollster Jugendlichkeit zeigt.

Ghandi sitzt orientalischerweise in einem Glaskäfig und liest in einer englischen Zeitung. Das Treppenhaus wird von den Figuren Mussolinis und Hitlers geschmückt; sie stehen sinnig unter mittelalterlichem Ritterrüstzeug. Hitler steht auf einem Podest aus Plüsch, bei Mussolini fehlt der Plüsch, dagegen umgürtet seine Gestalt eine Schleife aus Grün-Weiß-Rot.

An der Großen Freiheit steht eine Tanzbar neben der anderen. Jung-China, Yoshiwara, prächtig und verlockend. Um aber auch den heutigen Bedürfnissen entgegenzukommen, hat sich vor Yoshiwara ein Reklamemann aufgestellt, und auf der Tafel über seinen Schultern ist zu lesen: 1 Liter kräftige Suppe 10 Pfennig, Mittagessen schon von 15 Pfennig an, im Lokal nebenan. Der vornehme Portier duldet großzügig solche Konkurrenz.

Die Seeleute sind richtige Sehleute geworden. Sie gehen nur in die Tanzlokale, um sich umzuschauen und ein bißchen Musik zu nassauern; sie sehen sich die Mädchen an und sparen nicht mit Bemerkungen, und wenn sie sich was Besonderes leisten wollen, gehen sie nebenan in die Garküche und essen Kartoffelpuffer, drei Stück zu 20 Pfennig.

Was tun die Mädchen von St. Pauli?

Es geht ihnen bestimmt nicht gut. Da hat eine mit viel Mühe einen Seemann gekapert und nun stehen sie vor einem fliegenden Händler und trinken Milch, jeder aus einer Flasche auf der Reeperbahn – Milch. Zu zweien ist dieser Spaß auch billiger, denn eine Flasche kostet 10 Pfennig, zwei nur 15. Das ist die Liebe der Matrosen heutzutage. Eine Flasche Milch und sonst nichts.

Aus: Berliner Abend-Zeitung *Tempo* Nr. 55, Samstag, 5. März 1932

Die Dorfschule

Es fällt nicht ganz leicht, sie zu finden, obgleich man mir wiederholt die genaue Richtung gewiesen hat. Aber ich gehe immer an dem alten, verwitterten Bauernhaus vorbei, das so wenig unseren Vorstellungen von einer Schule, die doch Helligkeit, praktische Neuzeitlichkeit ausstrahlen soll, entspricht.

Aber das eintönige Summen von Kinderstimmen beweist doch, daß ich hier richtig bin. Ich drücke die altmodische Klinke nieder und komme in eine niedrige Bauernstube, in der die Kinder unwahrscheinlich eng nebeneinander sitzen. Einige Lehrmittel, das Modell einer Stadt, sind sogar unter der Decke angebracht, die Tafelbilder sind von der Zeit gebräunt. Auf den ersten Augenblick wirkt das Ganze wie ein Museumsstück: Schule in alten Zeiten. Nur ein Bild, das die hygienische Behandlung der Zähne erklärte, schien neueren Datums zu sein.

Die Luft war dick, zum Schneiden, die Lunge mußte sich erst gewöhnen, hier zu atmen.

»Ja, Sie haben recht«, sagt der Lehrer, »die Luft ist schlecht, aber Sie müßten erst im Winter herkommen oder bei schlechtem Wetter. Wir haben keinen Raum für die Überkleider der Kinder; die nassen Kleider und Stiefel verpesten die Luft vollkommen. Ich litt besonders anfangs immer an Kopfkrämpfen. Fenster öffnen? Sehen Sie, das ist nicht so einfach. Die Gemeinde liefert das Heizmaterial. Für die Bauern, die hier sehr arm sind, ist das natürlich ein großes Opfer; sie wären freilich empört, wenn sie offene Fenster sehen würden. Wie, sagen sie dann, verfeuern Sie unser teures Geld, um draußen die Luft warm zu machen?«

In den engen Bänken drängen sich Kinder zwischen 6 und 14 Jahren. Wie kann man hier unterrichten? Wie kann man gleichzeitig acht verschiedenen Jahrgängen verschieden gestufte Wissenschaft beibringen? Aber fast die Hälfte aller deutschen Schulen ist nicht anders.

»Man muß geradezu einen strategischen Plan haben. Hier müssen die Kinder abschreiben, dort Rechenaufgaben machen, einer schreibt auf der Tafel, andere sagen laut ihre Geographie vor.«

»Für die Kinder aber muß es besonders schwierig sein?« »Unsere Schule gehört noch bei weitem nicht zu den ungünstigsten, es gibt auch solche, wo über sechzig Kinder aus acht Jahrgängen zusammengepfercht sind, wir haben hier nur neunundvierzig, und die Räumlichkeiten in vielen Gutsschulen sind noch ungünstiger.«

»Und das häusliche Leben der Kinder? Müssen sie nach der Schule noch arbeiten?«

»Wer hilft zu Hause bei der Arbeit?«

Alle Kinder stehen auf, sogar die Sechsjährigen in der ersten Reihe.

»Aber du arbeitest doch noch nicht?« sagt der Lehrer zu einem winzigen Knirps.

»Doch, ja, ich habe auch Kartoffeln gebuddelt«, erklärt er ganz beleidigt.

»Wer hat während der Ferien für Geld gearbeitet?«

Etwa die Hälfte der Kinder steht auf. Ihre Eltern sind Arbeiter oder haben nur ein ganz kleines Anwesen.

»Wie war die Arbeitszeit?«

»Von acht Uhr morgens bis fünf Uhr nachmittags.«

»Und wie war der Tageslohn?«

Da ertönt in diesem altertümlichen, von der Welt abgeschlossenen Raum die dünne Stimme eines zarten Achtjährigen:

»Wir arbeiten im Akkord.«

»Vierzehn Pfennig für die Kiepe, eine Kiepe, das sind 60 Pfund.«

»Ich habe 12 Mark 32 verdient.«

»Ich 15 Mark 68.«

»Wie wohnen die Kinder? Wer schläft im eigenen Bett?« Etwa ein Drittel der Kinder bleibt sitzen.

Die Verhältnisse in diesem Dorf sind besonders günstig, es gibt keine Arbeitslosigkeit, im Dorf ist eine Säge und Mühle, in der die Besitzlosen Beschäftigung finden. Eigentümer – so nennt man die Bauern mit größerem Anwesen, die aber noch keine Großbauern sind – gibt es wenige. Der Durchschnitt sind etwa Zwei-Pferde-Bauern. Man rechnet nicht nach Morgen, sondern nach Pferden, denn es hat nichts zu sagen, wie viel man von dem schlechten, sandigen Boden hat, sondern wieviel Pferdekräfte zur Verfügung stehen (Pferdekräfte, die noch ihren ursprünglichen Sinn behalten haben).

Trotz dieser günstigen Verhältnisse wohnen mehrere Familien, je fünf Personen, jeweils in einem Raum.

»Was gab es gestern zu Mittag?«

»Gestern war Sonntag. Aber außerdem etwas Besonderes: ein Kinderfest, das nur einmal im Jahr gefeiert wird.«

»Entenbraten!« ruft ein Junge und ist besonders stolz. Seine Füße sind ganz verkrüppelt. Sein Vater steht sich ganz gut, aber die Kosten, die nötig wären, um ihn ärztlich behandeln zu lassen, könnte er nicht aufbringen, und die Krankenkasse käme für einen solchen Fall überhaupt nicht in Frage. So wird er als Krüppel aufwachsen. Er ist der einzige, der mit so üppigem Speisezettel aufzuwarten hat. Die meisten anderen rufen: »Kartoffelsuppe mit Speck«, oder auch nur »Kartoffelsuppe«, das sind die Kinder der Arbeiter.

»Wie oft kommt der Schularzt?«

»Nie. Nur bei der Schulaufnahme ist er zugegen, aber das ganze Jahr über werden die Kinder nicht untersucht. Einen Arzt gibt es im Dorf nicht, einen aus der Stadt kommen zu lassen, wäre auch viel zu kostspielig für die Bauern. Hier haben wir ein Kind, das geistig zurückgeblieben ist. Es ist natürlich unmöglich, sich mit ihm besonders zu beschäftigen, es geht eben, wie es gehen kann, so ist es mit allem hier. Man kümmert sich nicht um uns, niemand kommt, um die Verhältnisse zu untersuchen.

Wir sind hier ganz verlassen. Die neue Regierung? Die ist erst recht gegen uns. Unsere Gehälter fallen ständig, und man will uns auch die letzten Vergünstigungen nehmen. Wir bekommen ein Stückchen Land, das wir in Pacht geben. Dafür erhalten wir Lebensmittel. Auf dem Lande ist es schwierig, so merkwürdig das auch klingt, die allernotwendigsten Lebensmittel zu kaufen. Jetzt wollen sie uns das Stückchen Land wegnehmen, weil wir ›Geschäfte‹ damit machen.«

»Wie steht es mit dem Wohnen?«

»Nun will ich Ihnen etwas zeigen, was Sie noch kaum gesehen haben.«

Der Lehrer führt mich über die Küche, in der sein kleines Kind spielt, in die »Wohnräume«, die ihm zur Verfügung gestellt wurden. Dies ist wirklich ein phantastischer Anblick. Die leeren Zimmer atmen einen Gestank aus, zu der Kellerluft ozonreich erscheinen müßte. Die Wände sind grün von Schimmel, früher war die Jauchegrube unter den Fenstern, aber obgleich er sie wegschaffen ließ, der Geruch hatte sich in die Mauern eingefressen.

»Das ist die Wohnung eines Dorflehrers. Ich gebe zu,. ich habe es besonders schlecht getroffen. Einen Raum habe ich mit vieler Mühe und Not so hergerichtet, daß wir darin leben können, aber ich fürchte doch für die Gesundheit meines Kindes. Die meisten von uns haben es nicht viel besser als die Dorflehrer.«

Ein anderer Lehrer in einem noch entlegeneren Dorf sagte mir folgendes: »Wenn die Regierung uns wirklich das bißchen Land nimmt, das wir verpachten konnten, dann werden ich und viele Kollegen, deren Lage ähnlich ist, im

Winter lebendig vergraben sein. Mein Pächter war bisher verpflichtet, mir sechs Fuhren zu leisten.«

»Ich verstehe nicht ganz. Wozu brauchen Sie denn die Fuhren?«

»Damit ich zur nächsten Bahnstation fahren kann, wenn ich einmal in die Stadt will. Meinen Sie, ein Bauer gibt im Winter sich und vor allem sein Pferd dazu her, mich zu fahren, wenn er dazu nicht verpflichtet ist? Und ein armer Lehrer kann doch keine Pferde halten. Auf dem Rad sind unsere Wege schon im Sommer kaum passierbar. Sie können sich keine Vorstellung davon machen, wie unsere Wege im Winter aussehen.«

Eine Vorstellung kann ich mir wohl machen, da ich selbst zu Fuß gekommen bin. Erst ging es durch einen richtigen Märchenwald, unter den mächtigen Eichen und Fichten wuchert hoch der Farn, verbreiten rötlich schimmernde Giftpilze ihren süßlichen Geruch. Das sind keine Sommerfrischler-Wälder, die Wege schlängeln sich nicht elegant und gepflegt. Schon bei trockenem Wetter versinken die Füße in schlammiger Erde.

Die Feldpfade sind nicht besser, kein Auto kann hier die Stille durchbrechen, oder es müßte ein Gymkhana[1] sein, ein halsbrecherisches Geschicklichkeitsrennen. Doch welcher Rennfahrer verspürte den Ehrgeiz, Strelitzer oder mecklenburgische Dörfer zu bezwingen? Es gibt hier Dörfer, sogar Lokalbahn-Stationen, die noch kein Auto in ihren Mauern gesehen haben. Wo ist denn das? Zwei Stunden D-Zug-Entfernung von Berlin und dann drei Stunden zu Fuß. Man befindet sich in einer Welt, von der man nichts ahnte. Ja, Füße sind zuverlässiger als Autos. Sie bezwingen den Montblanc, und sie erreichen fast die Gipfel des Himalaja. Aber Lehrer und junge Lehrersfrauen wollen deshalb doch nicht gern durch dicken Schneeschlamm zu Fuß Expeditionen zu einer Bahnstation unternehmen, dann müssen sie eben ihre Ansprüche auf Kultur aufgeben. Die Bauern rühren sich auch nicht aus ihren Höhlen im Winter.

Jetzt aber sieht man noch Pferde und Fuhrwerke langsam humpelnd die Wege befahren.

In der Nähe eines Dorfes ladet mich ein Bauer, den ich nach der Richtung frage, auf sein Gefährt ein. Das Sitzen, es ist mehr ein Durcheinanderrütteln da oben, ist nicht sehr bequem.

»Da, siehste, wo die Häuser durch die Bäume kieken, dort ist unser Dorf. Wir sind arm, haben 22 erwerbslose Familien (durchschnittlich sind in diesen Dörfern 20, 25 Prozent Erwerbslose). Ich habe ja mein Stückchen Land, 2 Pferde und 3 Kühe, aber gut geht es mir nicht, die Steuern und die Zinsen fressen alles, und unsere Erde, die ist nicht viel wert, sie ist leicht, nur die Steine drin sind schwer. Bei uns ist es so verteilt: die gute Erde gehört den Großen, die schlechte den Kleinen. Vom Guten verträgt man nämlich viel mehr als vom Schlechten, deshalb geben sie uns wenig.«

Die Bauern pflügen ganz primitiv mit Egge und Pferd diese Erde, die so karg ist und dürr, sie säen mit der Hand, alles wie in alten Zeiten. Am Wegrand, am Rande dieses weglosen Weges, werden die Steine aufgeschichtet, von denen sie doch nie ganz ihre Felder befreien können. Ordentlich schichten sich die kindskopfgroßen Steine in riesige Haufen, es sieht aus, als wären sie vorwurfsvolle Wahrzeichen: Kann man uns nicht dazu gebrauchen, die Wege zu verbessern? – Aber, nicht wahr, hierzulande hat man andere Sorgen.

Aus der Reportageserie *Entdeckungsfahrt durch Deutschland.* Erschienen in: *Die Welt am Abend*, Berlin, 26. Oktober bis 2. November 1932

[1] Gymkhana ist eine Motorsportvariante, bei der der Fahrer einen Parcours möglichst schnell durchfahren muss.

Im Krug eines Hitler-Dorfes

In einem großen Teil dieser abgelegenen Dörfer erhielt Hitler bei den Reichstagswahlen im Juli die absolute Mehrheit, ja, oft sogar zwei Drittel aller Stimmen.

In diesem Strelitzer Dorf zum Beispiel votierten von 160 Wählern 114 für Hitler. Äußerlich merkt man nichts von dieser Vorliebe für das Hakenkreuz. Uniformen, Fahnen, Abzeichen bleiben unsichtbar. Heute entdeckt man auch im Gespräch nichts von Sympathien für die Nazis.

Wie ist überhaupt ihr Erfolg hier zu erklären? Züchtet diese Abgeschiedenheit auch Rückständigkeit? Das ist nur zum Teil richtig. Die Unzufriedenheit (und sie sind unzufrieden mit der Kargheit, zu der sie verurteilt sind) äußert sich nicht nur durch einfaches Schimpfen, sondern auch durch Versuche, einen revolutionären Ausweg zu finden. Wie? Durch Steuerstreiks, durch Verweigerung der Zahlung der hohen Zinsen. Vorläufig bleibt alles verzweifelte Einzelaktion, aber die Grundstimmung ist überall Unzufriedenheit.

Die Nazis kamen auf die Dörfer, schimpften mit den Bauern und versprachen ihnen das Blaue vom Himmel: keine Zinsknechtschaft, keine untragbaren Steuern mehr, keine hohen Zölle, die die Viehhaltung, die einzige Verdienstmöglichkeit der Kleinbauern, unmöglich machen.

Es leuchtete allen ein. Hier kamen die Retter, man mußte ihnen in den Sattel helfen. Nun aber sitzen sie im Sattel, auch in weichen Ministersesseln, und nichts hat sich verändert.

Doch es hat sich verändert, verschlechtert. Die Bauern verstehen sich nicht ganz auf die Feinheiten, die einen so großen Unterschied machen zwischen der Macht in den Ländern und der Macht im Reich. Wozu also die Macht in den Ländern, wenn man sie nur dazu nutzt, die kleinen Bauern noch mehr auszusaugen? Und wieso sind Hitler und Papen so große Feinde, wenn sie doch hier in Strelitz zusammen regieren? Man glaubt nicht mehr den schönen Versprechungen.

Die Wirtin des Kruges war noch vor kurzem eine begeisterte Anhängerin der Nazis, so erzählt sie. Die Wirtsleute haben Schulden. Die Einnahmen werden immer geringer. Wie können sie die Zinsen bezahlen? 18 Prozent zahlen sie an die Raiffeisen-Bank und einen Eintrittsbeitrag mußten sie auch entrichten, bevor sie Kredit erhielten. Dagegen muß doch gekämpft werden? Aber wie dagegen kämpfen? Sie weiß es nicht mehr. Die Nazis, die sich noch im Sommer heiser schrieen: »Keinen Pfennig den Banken«, sitzen jetzt an der Macht und haben alles vergessen.

Im Krug war früher die Haupteinnahmequelle der Tanzsaal, ein riesiger Raum mit dem gemalten Prospekt eines Waldsees, mit einem Podium für das Orchester und mit der Aufschrift: »Der Eintritt ist Jugendlichen unter 16 Jahren verboten!« Welch ein Genuß mußte es für die Jugendlichen unter sechzehn sein, sich einzuschleichen und doch zu tanzen. Aber heute tanzt man überhaupt nicht mehr, solche Vergnügen kosten Geld, und niemand hat auch nur die geringsten Barmittel.

Der Krug ist gleichzeitig der Dorfladen. Was für Waren gibt es hier? Verglichen mit diesem erscheint auch das armseligste Vorstadtgeschäft wie ein Basar aus 1001 Nacht.

Persil, Zucker, Salz, Streichhölzer, Hefe und die billigste Sorte von Drops für festliche Gelegenheiten, das ist das Warenlager. Es gibt weder Kaffee noch Schokolade, ja nicht einmal Reis oder Hülsenfrüchte. Die Autarkie ist vollständig. Die Bauern können schon wegen Transportschwierigkeiten ihre Kartoffeln oder Roggen in der Stadt nicht verkaufen; sie essen ihre Erzeugnisse selbst auf. Gemüse, in der Hauptsache Kohlarten, kommt nur auf ihren Tisch, soweit es im eigenen Garten wächst. Wegen der hohen Futterpreise ist die Viehhaltung sehr beschränkt, aber Milch und Butter könnten sie ohnehin nicht weiter verkaufen; diese Art Selbstversorgung aber muß sie zugrunde richten, denn Geld brauchen sie trotzdem, um Steuern zu zahlen, um Stiefel zu kaufen. Sie können es sich nur durch Schulden verschaffen. Langsam, aber sicher wird ihnen ihr bißchen Besitz entrissen, während sie sich kaum satt essen können.

Aus der Reportageserie *Entdeckungsfahrt durch Deutschland.* Erschienen in: *Die Welt am Abend*, Berlin, 26. Oktober bis 2. November 1932

Zwischen Arbeitsstätte, Stempelstelle und Familienheim

Hertha, ein einfaches Mädchen

Hertha ist ein Mädchen vom Lande; sie ist seit drei Jahren in Berlin. Eine winzige Wirtschaftstragödie, die sogar mit ihren Herzensangelegenheiten vermengt wurde, hatte sie in die Großstadt geweht. Ihr Vater besaß eine kleine Stellmacherei zusammen mit einem Kompagnon. Hertha war mit dem Sohn des Teilhabers versprochen. Dann aber begann das Geschäft schlecht zu gehen, es wurde pleite, und die einst befreundeten Inhaber verwandelten sich zu Todfeinden. Aus Herthas Ehe sollte nun nichts werden. Ihr Verlobter war kein Romeo und sie war keine Julia. Ohne größere Erschütterungen fuhr sie nach Berlin, um Arbeit zu suchen.

Es waren noch gute Zeiten. Hertha war jung und stark. Sie wurde Hausangestellte bei einer Familie in einem hochherrschaftlichen Hause mit wohlgefüllter Speisekammer.

Hertha hatte Arbeit genug, aber auch satt zu essen und jeden Monat fünfunddreißig Mark. Mehr hatte sie von Berlin tatsächlich nun einmal nicht erwartet. Wenn sie Ausgang hatte, ging sie tanzen. Das war auch zu Hause ihr Hauptvergnügen.

In Deutschland ist noch Konjunktur. Die Börsenwerte stehen fest. Man spricht und schreibt kaum von den Millionen Arbeitslosen, die es schon damals gibt. Sie sind eine natürliche Begleiterscheinung der kapitalistischen Wirtschaft. Was geht das aber Hertha an. Man wird es gleich hören.

Die Arbeitslosen können sich auch während der »Konjunktur« von ihren Unterstützungssätzen nicht satt essen. Mancher Junge sinnt auf Abhilfe. Sie wissen, daß die meisten Dienstmädchen Donnerstag ihren Ausgehtag haben. Dann treiben sie sich in der Nähe der billigen Tanzgaststätten umher. Dienstmädchen sind besser als Fabrikarbeiterinnen oder Verkäuferinnen, die es manchmal selbst darauf absehen müssen, freigehalten zu werden. Dienstmädchen halten sich in der Nähe der bürgerlichen Fleischtöpfe auf und klemmen dicke Stullenpakete, die glänzend und verführerisch Fett durchschimmern lassen, unter den Arm.

Hertha, mollig und rosig, wird umschwärmt. In ihrer riesigen bäurischen Geldbörse klimpern Silberstücke. Hertha kann sich etwas leisten, Hertha braucht nicht jeden zu nehmen, sie kann wählen.

Ein Junge hat es ihr angetan, er kann so hübsch lächeln und hat schöne dunkle Augen. Fast sieht er wie ein Italiener aus. An ihren freien Tagen holt er sie bei der nächsten Straßenecke ab. Er ist immer höflich und wird nicht einmal böse, wenn er bei schlechtem Wetter länger auf sie warten muß. Hertha ist nicht knausrig mit den Beständen der hochherrschaftlichen Speisekammer. Wie sollte sie? Sie schreibt schon nach Hause über ihre bevorstehende Heirat mit dem hübschen Jungen. Sie werden sich schon irgendwie durchbeißen, so sagt er auch immer.

Da trägt ihr eine Freundin zu, daß der Junge verheiratet ist und Vater von zwei Kindern. Hertha glaubt es nicht. Er hatte doch immer von einem Ledigenheim gesprochen, in dem er wohnt. Aber sie bekommt seine Adresse.

Sie sagt ihm nichts, sie bereitet ihren Überfall im geheimen vor. Sie tappt im Halbdunkel über die schmierige Hintertreppe zu der Wohnung, die man ihr angegeben hat. Sie öffnet die Tür, ohne lange zu klopfen. Da sieht sie in dem armseligen dumpfen Raum die Familie, seine Familie. Die blassen, schlecht genährten Kinder, die blasse, schlecht genährte Frau.

Sie essen gerade. Ihre Stullen, die Butter, die sie ihm gebracht hatte. Sie sagt nichts, sie dreht sich um und rennt die Treppe hinab. Zu Hause wird ihr übel. Sie will ihn nicht mehr sehen. Aber sie hat nicht lange Zeit, sich Seelenschmerzen hinzugeben: In der hochherrschaftlichen Wohnung stiftet die Börse Unheil. Hertha kann sich kaum noch satt essen, so stark wird in der Küche gespart. Ihr Lohn wird gekürzt, sie muß selbst die sozialen Abgaben tragen, und von zu Hause kommt ein verzweifelter Brief der Mutter, in dem sie um Geld angegangen wird. Sie schickt alles, was sie hat. An ihrem nächsten Ausgehtag aber hat sie nichts, keinen Pfennig. Sie ist frei, aber was nützt Freiheit ohne Geld, gibt es überhaupt Freiheit ohne Geld?

Sie beginnt den Jungen zu verstehen. Die Kinos locken, die Kaffeehausmusik lockt, die Schaufenster, die Tanzsäle, aber sie ist von allem ausgeschlossen. Sie hat einige Stunden vor sich, in denen sie tun könnte, was sie will, aber ohne Geld kann man keinen Willen haben. Sie hat keins, so wird sie gewählt.

Ihr Begleiter wird ein dicker Provinzler.

Sie will auch etwas vom Licht haben, das sie umflutet, von der Musik, die aus allen Häusern sickert. Sie will auch nicht allzuviel denken, wozu das? Ist sie nicht jung, soll sie nicht wenigstens etwas vom Leben haben?

Sie mag den Dicken nicht, er lacht so laut und selbstgefällig. Dann macht er Bemerkungen über Leute, die sich vor der Arbeit drücken. Was der wohl überhaupt davon versteht. Wenn ein Nazi das Lokal betritt, ist er begeistert: »Stramme Kerle.« Sie mag es auch nicht, wenn seine schwere dicke Hand nach ihren Knien tastet.

Aber sie geht mit ihm in ein Hotel.

Sie hat die Überzeugung, daß arme Mädchen für alles, für das kleinste Vergnügen teuer zahlen müssen, sonst wäre es Zechprellerei ...

Oben im Zimmer, als sie allein sind, steigt ihr Widerwillen gegen ihn. Sie ist froh, als sie Abschied von ihm nimmt (sie weiß, für immer), aber sie ist nicht froh, sie ist unzufrieden, unzufrieden mit sich selbst, mit der Welt. Wie es zugeht, das ist doch nicht in Ordnung.

Aber diese Erwägungen können sich nicht zu einem stärkeren Gefühl verdichten, sie hat zuviel zu tun, um nachdenken zu können. Sie verrichtet jetzt auch die Arbeit, die früher die Waschfrau und eine Aushilfe besorgten. Sie ist übermüdet. Soweit sie überhaupt noch einen Gedanken fassen kann, ist es Angst um die Zukunft.

Die Herthas hören jetzt viel Jammern und Klagen in den hochherrschaftlichen Wohnungen. Sie müssen Gerichtsvollziehern und ungeduldigen Gläubigern die Türen öffnen. Sie wissen, daß der Herr nie zu Hause ist, daß in den eingeschriebenen Briefen nie etwas Gutes steht. An den vornehmen Portalen erscheinen rote Zettel mit der Aufschrift »Auktion«. Was geht das die Herthas an?

Als Hertha gekündigt wird (die Inhaber der hochherrschaftlichen Wohnung wissen noch nicht, wie sie sich einrichten werden, vielleicht verreisen sie, vielleicht wohnen sie in einer Pension), erfährt Hertha, ein wie glückliches Mädchen sie sei. Sie wisse gar nicht, versichert ihre Brotgeberin, die es bald nicht mehr sein wird, wie gut sie es habe, sie wenigstens kenne keine Sorgen. Sie braucht sich nicht wegen des Verlustes von Perserteppichen und Silber zu grämen, sie braucht nicht zu Rechtsanwälten zu laufen. Sie muß ihren Schmuck nicht versetzen, Hertha hat es gut, Hertha hat nichts zu verlieren. Nichts, nur ihre Arbeit. Die aber verliert sie endgültig.

Es ist interessant, die Veränderung gewisser Ausdrücke zu verfolgen. Vor langer, langer Zeit, so etwa vor drei, vier Jahren, sprach man noch vom Arbeitsnachweis, später nannte man es Nachweis, das Wort Arbeit fiel fort, aber auch so war es nicht treffend, es wurde schon kaum etwas nachgewiesen. Man nannte es Arbeitsamt. Arbeit kam nur noch amtlich darin vor. Heute spricht man nur noch von Stempelstellen.

Hertha ging also stempeln. Frauen auf Stempelstellen, das ist etwas anderes als Männer, die warten. Den Frauen merkt man meist an, daß sie es sich eigentlich nicht leisten können, ihre Zeit totzuschlagen, besonders hier bei dem »Arbeitsnachweis« für Hauspersonal. Den Händen sieht man an, daß sie nicht untätig sind. Frauen können arbeitslos sein, deshalb werden sie ihre Arbeit noch nicht los.

Die Hausarbeit bleibt, und je geringer das Geld wird, um so umständlicher ist sie. Die schlecht genährten, kränklichen Kinder geben mehr Arbeit als die gesunden. Manche bringen die blassen Kleinen mit in die schlecht gelüfteten, überfüllten Amtsstuben, denn hier ist es wenigstens warm.

Hertha sieht und hört die Wartenden, sie ist eingereiht unter die Hoffnungslosen, denn die meisten haben wenig Hoffnung. Fensterputzen für einige Stunden, scheuern für einige Stunden. Manche von den Frauen hoffen schon auf nichts mehr. Einige Mark für schwerste Arbeit, um das Allernotwendigste besorgen zu können, die Unterstützung reicht ja nie.

»Nur zu leben, um zuzusehen, wie meine Familie hungert, hat ja keinen Sinn. Das beste wäre, den Gashahn aufzudrehen.«

»In unserem Haus hat eine ganze Familie Selbstmord begangen.«

»Bei uns haben sich schon zwei das Leben genommen.«

»Ist ja Blödsinn, was ihr hier zusammenredet, wir sollten lieber alles zusammentöppern und den Herrschaften zeigen, daß wir auch da sind.«

»Zusammenhalten sollten wir, so wie die Bourgeois, wenn es sich darum handelt, unsere Löhne zu drücken. Aber wir lassen uns verdummen. Wir könnten schon längst die Herren sein, wenn wir es nur alle wollten. Stattdessen sitzen wir hier herum, lassen unsere Kinder hungern und verkommen.«

»Mensch, was nützt die große Schnauze gegen Gummiknüppel und Maschinengewehre?!«

»Ach, feige seid ihr. Lieber den Gashahn andrehen und schön in Ruhe krepieren.«

»Da sitzt man hier herum, und es ist wieder nichts. Und ich brauchte so dringend ein paar Kröten, aber die Mädchen, die arbeiten ganz umsonst, nur damit sie einen Unterschlupf haben.«

»Na, ich könnte Ihnen was erzählen, was ich alles für die dreckige Bude, die man mir gibt, arbeiten soll.«

»Und ich, für eine Mädchenkammer muß ich eine große Wohnung in Ordnung halten, jedes Zimmer ist vermietet, davon erfuhr ich freilich erst später.«

»Was ich erlebt habe, das werden Sie mir nicht glauben. Meine ›gnädige Frau‹, so läßt sie sich noch groß titulieren, hat sich heimlich immer von meinem bißchen Essen, das ich mir zurechtgemacht habe, genommen. Sie glauben es wohl nicht?«

»Man kann noch ganz andere Dinge glauben. Viele von den Frauen, die es früher dicke hatten, wissen jetzt selbst nicht, wie sie sich weiterhelfen sollen, aber eingebildet bleiben sie doch. Sie denken immer noch, sie sind etwas Besseres als wir.«

Hertha spricht nicht dazwischen, aber sie verfolgt aufmerksam jedes Wort. Wie sagte die eine Frau: Wir könnten schon längst die Herren sein, wenn wir es nur alle wollten; was aber sind wir jetzt?

Dann hat Hertha ein Erlebnis, das ihr darauf Antwort gibt.

Sie muß Geld verdienen, sie hat gegen Hausarbeit eine Kammer gefunden, aber die Unterstützung reicht kaum fürs Essen. Sie beginnt ihre Nettigkeit zu verlieren, sie sieht schon etwas verwahrlost aus, und von zu Hause kommen verzweifelte Briefe. Die denken, sie hat es in Berlin doch leichter.

Eine Anzeige verspricht gegen Hausarbeit volle Verpflegung und gutes Nebeneinkommen. Nur Hübschheit und Jugend wird verlangt. Hertha ist von ihrer Schönheit zwar nicht ganz überzeugt, aber jung ist sie auf alle Fälle.

Eine stark geschminkte Dame mit kanariengelbem Wuschelkopf öffnet ihr. Die Wohnung ist wenig anheimelnd. Man sieht es ihr an, sie wartet darauf, daß die verlangte Hausarbeit sich an ihr auswirkt. Die Dame erklärt ihr gleich, worum es sich handelt. Hertha müßte nur die Wohnung in Ordnung halten, da wäre ja kaum was zu tun, nicht wahr, und das bißchen Kochen, das sei überhaupt keine Arbeit, kaum der Rede wert. Die Hauptsache sei nun – sie möchte Hertha gleich klaren Wein einschenken –, sie hätte einen Massagesalon, und Hertha könnte ihre Assistentin sein, da sei viel Geld zu verdienen. Sie verstünde doch, worum es sich handele, sie sei doch keine Unschuld vom Lande. Die Herren, die kämen, seien lauter feine Herren, gar nicht knauserig. Nun sollte sie bei ihr bleiben, gleich mit der Arbeit beginnen.

Hertha sah sie entgeistert an, sie verstand, sie begann erst jetzt richtig zu verstehen. Sie bekam große Lust, der Kanariengelben eine zu langen, dann begann sie zu schreien. Ganz gehörig sagte sie ihr die Wahrheit. So, also umsonst sollte sie arbeiten und sich obendrein noch verschachern lassen. Für ein Stückchen Brot sollte sie zur Sklavin werden, aber man brauche sich nicht alles gefallen zu lassen.

Ihre Stimme war drohend.

Die Kanariengelbe, verängstigt durch diese Ausbrüche der Empörung, schob Hertha mit einiger Anstrengung aus der Tür. Aber Hertha, die so lange stumm geblieben war, machte länger keinen Hehl aus ihrer Erbitterung.

Die Kanariengelbe, die fürchtete, Hertha könnte durch ihr lautes Geschrei die Hausbewohner alarmieren, öffnete wieder die Tür und zischelte besänftigend Hertha zu: »Was wollen Sie, Sie dummes Mädchen, ich wollte Ihnen schöne Kleider geben. Wenn ich Sie zurechtmache, würden Sie aussehen wie eine feine Dame, aber ich will Sie nicht zu Ihrem Glück zwingen.«

»An mir wollen Sie sich fett machen, Sie alte Vettel, weil kein Mann Sie mehr haben will. Alle haben sich immer an mir fett machen wollen.«

Die Kanariengelbe mußte nach Luft schnappen: »Jetzt aber machen Sie, daß Sie weiterkommen, sonst rufe ich die Polizei.«

»Die Polizei?« höhnte Hertha, »darauf warte ich.« Sie höhnte so laut, daß das, was die Kanariengelbe befürchtete, eintraf. Die Hausbewohner begannen neugierig die Köpfe aus den Fenstern und Türspalten zu stecken. Als sie merkten, daß es sich lohnte, Ohrenzeugen der Auseinandersetzungen zu werden, eilten sie in Scharen vor die Wohnungstür der Kanariengelben.

Diese hatte schon längst wieder die Tür hinter sich zugeschlagen und verriegelt. Hertha blieb allein auf der Szene.

Zum erstenmal konnte sie sich anderen Menschen mitteilen, zum erstenmal konnte sie sagen, was sie litt und welche Ungerechtigkeiten sie zu erdulden hatte.

Die Hausbewohner, die der Kanariengelben schon lange gram waren und die ähnliche Leidenswege mitmachten wie Hertha, gaben ihr recht: Man sollte endlich aufhören, sich alles gefallen zu lassen.

Als Hertha das Haus verließ, hatte sie ein Gefühl der Befreiung, obgleich wieder eine Hoffnung zuschanden wurde.

Ein junger blasser Mann, den sie erst nicht beachtet hatte, gesellte sich ihr zu.

»Sie verstehen aber zu reden, Fräulein, die Frauen, die wurden ordentlich wach, wie Sie von Ihrem Leben gesprochen haben. Sie werden ja genauso ausgebeutet wie Sie. Sie müßten auch in Versammlungen sprechen.«

»In was für Versammlungen denn?«

»Na, in Parteiversammlungen.«

»Von was für einer Partei denn?«

Der junge Mann erklärte ihr, daß er sie für eine Kommunistin gehalten hatte; darüber mußte Hertha lachen.

Nie war sie auf die Idee gekommen, sich mit Politik zu beschäftigen. – Aber das sei ja Politik, daß sie merkte, ihr sei Unrecht geschehen. Nur nütze es nichts, nur gegen so eine Kanariengelbe, die selbst eine Gestoßene ist, zu wettern. Man müsse erkennen, daß man in der kapitalistischen Gesellschaft überall ausgebeutet werde.

Hertha sah erstaunt in die ernst blickenden blauen Augen ihres Begleiters. Er sah vertrauenerweckend aus.

Er sprach eindringlich von dem Kampf der vielen Millionen für die Befreiung des Proletariats.

Hertha gestand ihm, nicht alles, was er sagte, zu verstehen, aber sie wollte lernen, denn eines war ihr klar: sie wollte nicht verkommen, sie wollte nicht tatenlos verhungern. Sie war bereit, mit den Millionen zu marschieren, die für den Ausweg kämpften.

Sie wollte nicht in der Sackgasse umkommen.

Auch Rena, ein junges Mädchen aus einer ganz anderen Welt, irrte in einer Sackgasse umher. Aber fand auch sie den Ausweg?

Rena oder »die heilige Kunst«

Rena ist ein Mädchen aus sogenanntem »gutem« Hause. Ihr Vater hatte ein gut gehendes Geschäft, das allerdings vor einigen Jahren der allgemeinen Krise zum Opfer fiel.

Renas Mutter war, solange ihr Mann gut verdiente, ein Schöngeist. Sie schwärmte für Kunst und Literatur, sie hatte den Ehrgeiz, literarische Tees zu geben. In der Inflationszeit gelang es ihr auch, durch reichlich belegte Brote und sonstige kulinarische Genüsse eine ganze Menge verkannter Genies in ihr Haus zu locken.

Bei solchen Gelegenheiten produzierte sich auch das Kind Rena und deklamierte mit gellender Stimme expressionistische Gedichte, von denen sie keine Silbe verstand.

Die Gäste, es kostete sie ja nichts, beglückwünschten Rena zu ihrer großen Begabung. Es war selbstverständlich, daß sie Schauspielerin werden wollte, und Renas Mutter war mit den ehrgeizigen Plänen ihrer Tochter ganz und gar einverstanden.

Rena sah eine große Zukunft vor sich. Sie ging an eine teure Schauspielschule, sie lernte singen und tanzen.

Solange sie das Unterrichtsgeld pünktlich bezahlte, zweifelten ihre Lehrer nicht an ihrer Begabung. Dann aber kam der Umschwung in den Geschäften ihres Vaters. Die Unterrichtsgelder blieben aus, ihre Lehrer rieten nun Rena, lieber zu versuchen, einen bürgerlichen Beruf zu ergreifen. Rena gab ihre hochgespannten Hoffnungen nicht so leicht auf, auch dann nicht, als ihr Vater starb und sie mittellos zurückließ.

»Er hat sich nie richtig um seine Familie gekümmert«, sagte Renas Mutter, die gezwungen war, ihre Zuflucht bei Verwandten zu nehmen. Sie lebte als halbes Dienstmädchen, dem man noch das Gnadenbrot vorwarf. Jetzt war sie kein Schöngeist mehr, sie fand es sinnlos, daß sich Rena so in die aussichtslose Schauspielerei verrannte. Aber Rena ließ nicht ab von der Kunst.

Sie nahm die Schicksalswendung, die sie traf, gleichgültig auf. Sie machte sich ja doch nichts aus der kleinbürgerlichen Existenz, die sie bis jetzt geführt hatte, sie wollte viel höher hinaus.

Die großen Schauspieler lebten ganz anders, das verrieten ihr die illustrierten Zeitschriften, die sie las. Dort sah sie, wie die Künstler belohnt wurden; da waren sie abgebildet auf ihren Landsitzen, in ihren prunkvollen Heimen, am Volant ihres Wagens. Rena zweifelte nicht, daß auch sie es nicht schlechter haben würde.

Aber es kam doch etwas anders, als sie sich vorgestellt hatte. Ihre Kunst konnte sie nur bei Liebhaberaufführungen sogenannter Theatergesellschaften gegen Barzahlung, die sie leisten mußte, ausüben. An ein wirkliches Bühnenengagement war gar nicht zu denken.

Sie war arbeitslos, genau wie Hertha, nur war ihre Lage noch ungünstiger. Sie erhielt keine Unterstützung. Was suchte sie in Berlin? Warum ging sie nicht zu ihrer Mutter in die Provinz?

Sie kann überhaupt nur dank ihrer ungeheueren Energie im Bühnennachweis zwischen den legitimen Engagementhungrigen auf Vorsprechen warten.

Der Bühnennachweis ist eine Stempelstelle, die sich gern von den grauen Arbeitsämtern unterscheiden möchte. Aber einigen Karikaturen an den Wänden gelingt es nicht, die Atmosphäre der Hoffnungslosigkeit zu verwischen. Menschen ohne Arbeit werden sich ähnlich, ob sie Arbeiter sind oder Ingenieure, Angestellte oder Schauspieler.

Man wartet und weiß: es wird doch nichts. Nur ist hier bei den Schauspielern die Stimmung noch verzweifelter: sie alle haben ja etwas Besonderes vom Leben erwartet. Sie hielten und halten sich auch jetzt noch für große Begabungen, denen nur deshalb das Publikum nicht zujubelt, weil sie keine Möglichkeit haben zu spielen.

»Seit zwei Tagen lebe ich nur von trockenem Brot, wie soll man in solcher Verfassung den Prinzen von Homburg vorsprechen?«

»Überhaupt dieses Vorsprechen. Sie lassen sich den Hamlet oder den Faust vordeklamieren, weil die Herren Direktoren dabei am besten schlafen können.«

»Man müßte ihnen nur Hunger, Hunger ins Ohr brüllen, damit man sie aufrüttelt.«

Ein junger Mann sagte das ein bißchen theatralisch mit blassem eingefallenem Gesicht, dem man ansieht, daß er bei dieser Klage gar nicht schauspielern müßte. Soviel auch Rena herumhorcht, hört sie nur von Elend, nichts von dem glänzenden Leben, das sie doch überall abgebildet sah.

Aber sie tröstet sich: hier sind eben nur die Talentlosen oder jene, die schon zu alt sind; sie aber hat Talent, sie ist jung, sie wird es schaffen. Sie will sie nicht hören, die Klagen:

»Nie könnte sich eine Begabung entwickeln, der man jede Betätigung versagt hat.«

»Die Geschäftemacher kümmern sich nicht darum, wenn Tausende, die vielleicht Großes hätten leisten können, zugrunde gehen.«

»Das Publikum will überhaupt nichts mehr vom Theater wissen, es hat genug von der süßlichen Sacharinlimonade, die man ihm vorsetzt. «

Es wird schon nicht so schlimm sein, denkt Rena, aber gegenwärtig ist es schlimm genug für sie.

Wovon lebt sie? Welchen Beruf übt sie in der Zwischenzeit aus?

Sie wechselt ihre Berufe ziemlich häufig.

Beim Erwachen studiert Rena die kleinen Anzeigen des »Lokal-Anzeigers«.

In späteren Zeiten, wenn der Kapitalismus schon längst Vergangenheit sein wird, würde man aus dieser Zeitung die »Kultur« des spießigen Kleinbürgertums rekonstruieren können.

Vorne trieft sie vor Sittlichkeit und Biederkeit, hinten aber, im Dunkel der kleinen Anzeigen, empfiehlt sie geschäftstüchtig, was sie auf der Vorderseite so heftig und entrüstet verdammt.

Sie ist gegen die Abtreibung, diesen Krebsschaden an der deutschen Weiblichkeit, hinten aber gibt sie den Verzweifelten, die kein Kind haben wollen, die genauen Adressen kurpfuscherischer Abtreiberinnen. Sie predigt gegen Wucher und empfiehlt wucherische Geldverleiher.

Sie verachtet die käufliche Liebe, sagt aber den Unerfahrenen, wo und wie sie sich verkaufen können.

Wenn Rena unter den Inseraten etwas »Aussichtsvolles« findet, macht sie sich sorgfältig zurecht, schminkt sich ausgiebig (denn man muß gut aussehen).

Sie ist abwechselnd Rundtänzerin in irgendeinem anrüchigen Tanzpalast, Barfrau, Tischdame in Lokalen für anspruchslose Provinzler, denn ihre Garderobe würde ihr keine Luxuslokale gestatten. Manchmal ist sie Stimmungssängerin, manchmal Plastikdarstellerin, d.h. sie zeigt sich wenig oder gar nicht bekleidet unter bengalischer Beleuchtung.

Keine Stellung kann sie lange behalten, denn das Publikum will Abwechslung, erklären ihre Brotgeber. Von ihrer »Gage« allein könnte sie nicht leben, aber sie hat die Möglichkeit, Herrenbekanntschaften zu machen, und ihren Verehrern gegenüber zeigt sie sich keineswegs immer abweisend.

Rena bewohnt bei Frau Rechnungsrat Posselt ein möbliertes Zimmer. Noch vor drei Jahren war Frau Rechnungsrat eine uneingeschränkte Diktatorin in ihrer Wohnung. In ihrem strengen Ton erklärte sie den Zimmersuchenden ihre Hausordnung. Damen wurden im Ton eines Untersuchungsrichters danach gefragt, ob sie sich etwa einfallen ließen, Herrenbesuch zu empfangen, so etwas gestattete sie nicht.

Aber mit der Verschlechterung der Verhältnisse verfielen auch ihre sittlichen Grundsätze. Sie konnte sich nicht mehr darauf versteifen, ihre Zimmer, deren Glanz langsam verdunkelte, an Herren in gesicherter Position zu vermieten, denn es gab nichts Gesichertes mehr.

Frau Rechnungsrat – auf welche Weise der Herr Rechnungsrat aus ihrem Lehen entschwand, konnte man nie erfahren, obgleich sie es erwartete, daß man seinen Titel bei jeder Anrede zitierte – mußte sich mit Rena begnügen.

Sie haßte das Mädchen mit den wechselnden, aber gleichbleibend unsittlichen Berufen, das ihre sorgsam gehüteten Möbel mit Puder und Schminke überflutete.

Mit Handschuhen an den Händen und Ekel im Herzen machte sie ihr Bett.

Aber was war zu tun? Rena bezahlte wenigstens pünktlich ihre Miete.

Als Frau Rechnungsrat zum ersten Male aus ihren Träumen durch eine männliche Stimme in tiefem Baß, die aus Renas Zimmer drang, aus ihrem Schlaf geweckt wurde, beschloß sie, ein Ende zu machen. Die männlichen Stimmen wechselten, gleich blieb nur die Gewohnheit Renas, mit ihren Besuchern die Räume der Frau Rechnungsrat zu entheiligen.

Frau Rechnungsrat steigerte die Miete Renas, aber die nahm einfach an, auch zahlte die unverschämte Person prompt. Es wäre doch schade, sie zu verlieren.

Frau Rechnungsrat fand einen Ausweg. Wenn man nicht sehen will, sieht man nicht. Wie aber, wenn man nicht hören will?

Frau Rechnungsrat kaufte sich Wachs und verstopfte sich die Ohren. Sie verschloß und verrammelte ihre Tür, sie sah nichts und hörte nichts. Das war der Ausweg, den sie fand.

Und Rena? Ist sie ein Nuttchen, eine Prostituierte? Sie würde einen solchen Gedanken, auch nur den Gedanken, entrüstet zurückweisen. Sie ist eine angehende Künstlerin, die sich durchbeißt. Sie hält sich noch für auserwählt, sie fühlt sich nicht zur Masse gehörig, aber sie ist nur eine von Millionen; von Millionen, die unter die Räder geraten sind, ohne davon zu wissen.

Fräulein Hase, eine Sekretärin, in Ehren ergraut

Fräulein Hase ist noch nicht alt, trotz einiger grauer Haarsträhnen, die sie teils aus Ehrlichkeit, teils aus Geldmangel nicht färben läßt. Aber was ist nicht alt, heute, im Zeitalter ewiger Jugend? Die mondäne Sechzigjährige, die ihre Tage mit Hilfe eines dicken Geldbeutels im Schönheitßalon verbringt, hört sicher das Wort »alt« nicht Aber den Arbeitsuchenden wird es immer wieder entgegengeschleudert, auch den Dreißigjährigen, ja, auch schon mit fünfundzwanzig Jahren ist eine Stenotypistin oft »zu alt«.

Fräulein Hase hört auf ihren Kreuzfahrten um eine Stellung das Wörtchen »alt« so oft, daß sie ihre überflüssige Persönlichkeit am liebsten einem Sarg überantwortet hätte. Nur war sie auch eine Tochter und in dieser Eigenschaft nicht überflüssig, denn sie hatte ihre Mutter zu erhalten.

Immer hatte sie ihren Beruf mit einem gewissen Widerwillen ausgeübt, aber sie war überzeugt, daß niemand sie an Fleiß und Pünktlichkeit übertraf, obgleich sie sich zu etwas Höherem berufen fühlte.

Schon daß sie immer gezwungen wurde, mit Menschen aus den unteren Schichten zusammenzuarbeiten, störte sie. Sie sah auch mit einer gewissen Verachtung auf ihre Chefs herab, die sie im geheimen die »Krämerseelen« nannte. Ihre Kollegen und Kolleginnen behandelte sie mit milder Herablassung, die verachteten Chefs aber mit unterwürfiger Diensteifrigkeit.

Sie war nicht eine Proletin, sie war eine Dame aus guter Familie. Viele ihrer Kolleginnen hatten dieselbe Überzeugung, daß nur die anderen Proleten sind, nicht sie selbst.

Fräulein Hases Großvater mütterlicherseits war ein Pfarrer, auch hatte sie, und das wog mehr, einen höheren

Offizier in der Familie, den sie der Einfachheit halber, obgleich er diesen Rang noch nicht erreicht hatte, den »General« nannte. Sie betonte gern, daß sie als Mitglied einer Offiziersfamilie wisse, was »parieren« heißt. Sie »parierte« immer.

Sie begann fünfzehnjährig, noch in den »guten alten Zeiten« vor dem Kriege ihre Laufbahn. Sie arbeitete zehn, zwölf Stunden, aber auch als der Achtstundentag schon eingeführt wurde, fand sie es natürlich, Überstunden zu machen ohne auf besondere Bezahlung zu drängen.

Ihre Nerven aber nützten sich schnell ab. Ihr in Kriegsjahren und in der Inflationszeit schlecht genährter Körper verlor die Widerstandskraft, sie konnte dem ständig steigenden Arbeitstempo nur mit aller Anstrengung folgen.

Da werden im Büro »technische Neuerungen« eingeführt, sie bestehen aus nichts anderem als aus einer genauen Berechnung der Leistungsfähigkeit.

Die jüngeren Kräfte, die eben erst anfangen und noch nicht so abgearbeitet und abgenützt sind, übertreffen trotz ihres Mangels an Erfahrung Fräulein Hases Leistungen.

Dank ihrer langjährigen Tätigkeit hat sie eine günstige Kündigungsfrist, aber eine allgemein eingeführte Rationalisierungsmaßnahme hebt diese Begünstigung mechanisch auf.

Die Angestellten erhalten ein Rundschreiben: »Die schlechte und ungewisse wirtschaftliche Lage zwingt uns, Ihre Stellung zur gesetzlichen Frist zu kündigen. Sollte sich dennoch eine Möglichkeit zur Weiterführung unseres Betriebes finden, käme ihre Weiterbeschäftigung in Frage.« Fräulein Hase weiß nicht, wie sie das auslegen soll.

Von ihrem Gehalt, das kaum für einen reichte, lebten sie zwei. Die Pension ihrer Mutter, der Witwe eines kleinen Beamten, schrumpfte von Monat zu Monat zusammen. Die Ungewißheit, die über der Zukunft lastete, trug nicht dazu bei, ihren Zügen die bei den Chefs beliebte, angenehme Frische zu verleihen. Sie wurde krank, wagte aber nicht, darüber zu reden. Sie wußte, das wäre für ihre Arbeitgeber ein erwünschter Vorwand, sie loszuwerden.

Sie sprach nicht davon, aber ihre Nerven ließen sich tückisch von ihr nicht zur Stummheit verurteilen. Sie bekam einen kleinen Tick, von dem sie selbst erst gar nichts wußte. Ihr rechtes Augenlid zuckte in regelmäßigen Abständen, von ihrem Willen unabhängig.

Ihre jüngeren Kolleginnen, die in ihr keineswegs ihr zukünftiges Schicksal verkörpert sehen wollten, lachten über das zuckende Auge und fanden sie nur komisch. Dem Chef aber ging es auf die Nerven. Das fehlte noch, daß er sich bei dem schlechten Geschäftsgang noch von den Unarten seiner Angestellten nervös machen lassen sollte. Bei Ablauf der nächsten Kündigungsfrist kam ihre Weiterbeschäftigung nicht mehr in Frage.

Wie vorauszusehen war und wie schon erwähnt wurde, blieben die Versuche Fräulein Hases um eine neue Stellung erfolglos. Soweit sich Firmen auf Grund ihrer glänzenden Zeugnisse auf Verhandlungen einließen, stellte sich bald heraus, daß sie ihre Einstellung von einer Bareinlage, die zwischen 100 und 5000 Mark schwankte, abhängig machten. Fräulein Hase fühlte sich geschmeichelt, daß man sie für kapitalkräftig hielt, jedenfalls sah sie ein, daß der Optimismus der Geschäftswelt, der solche Kapitalien bei abgebauten Angestellten vermutete, kein leeres Geschwätz der Zeitungen war.

Inzwischen begann sie sich mit Hilfe von kleinen Abschriften über Wasser zu halten. Einmal aber, als sie dringend Geld brauchte, hatte sie ihre Maschine versetzt, und es fand sich keine Möglichkeit, sie wieder einzulösen.

Sie versuchte vergeblich, bei der Wohlfahrt dafür das nötige Geld zu erhalten, sie wandte sich sogar, wenn auch erfolglos, an Verwandte, mit denen sie schon längst keine Verbindung aufrechterhielt.

Fräulein Hase, die ihre Berufsarbeit zu lieben gar keinen Grund hat, träumt öfters von ihrer Schreibmaschine. In diesen Träumen befindet die sich nicht mehr im Versatzamt, sondern in ihrer Wohnung in Steglitz, und sie klappert fleißig auf ihr. Liebt sie doch ihre Arbeit? Oder hat sie nur Angst, auch die Wohnung in Steglitz zu verlieren? Denn der Wirt droht schon mit Exmittierung.

Dieser Wohnung der Witwe Hase, vielmehr dem Geist, den sie ausströmt, hatte sie ihre Jugend geopfert.

Es gibt noch viele solche Wohnungen in Steglitz, und nicht nur in Steglitz, es sind kleine Museen des Wilhelminischen Zeitalters. Über dem Plüschsofa hängt neben Hindenburg noch Wilhelm aus Doorn. Neben Bildern vom Sparverein »Redlichkeit« hängen solche aus den ehemaligen deutschen Kolonien und Photographien männlicher Angehöriger im Waffenrock. Man spricht noch über »unsere Kolonien«, »unsere Flotte«, »unsere Kriegshelden«. Für dieses »unser« haben die Kleinbürger teuer zahlen müssen. Sie wurden enteignet und verproletarisiert. Sie leben wie Proletarier, sie ahnen aber nichts von der Sendung des Proletariats. Sie möchten nur zurückkriechen in eine Vergangenheit, die es nur in den Lesebüchern und in ihrer Phantasie gab.

Fräulein Hase, früh gealtert, mit einem nervösen Tick behaftet, immer ausgebeutet, geplagt von Hunger und Angst vor einem Hauswirt, der sie und ihre Mutter jeden Tag auf die Straße setzen könnte, hat sich trotz allem nicht geändert.

Sie wäre tief verletzt, wenn man sie als eine Proletarierin ansprechen würde. Sie ist stolz auf ihre gute Familie, sie ist stolz auf ihre Tugend, die sie vor Versuchungen schützte, so drückt sie sich aus.

Sie ahnt, daß man mit ihr nicht gerecht verfuhr. Aber sie findet Genugtuung darüber, daß nie eine Klage ihre Lippen verließ, so sagt sie.

Sie ist stolz darauf, anders zu sein als die jungen Dinger ohne moralischen Halt. Noch im Hungern schwebt ihr der Schutzheilige ihrer Familie vor: »Der General«. Diszipliniert wartet sie auf den Tod.

Lissy, eine Sekretärin, nicht in Ehren ergraut

Lissy gehört zu jenen jungen Dingern, von denen so ganz verschieden zu sein Fräulein Hases Stolz ist. Und doch besteht zwischen Fräulein Hase und Lissy eine enge Verbundenheit, sie sind die beiden Pole der Angestellten. Ihr Leben äußert sich gegensätzlich, doch sind sie den gleichen Gesetzen unterworfen.

Lissy ist nicht ergraut, sie ist überhaupt noch weit davon entfernt, das Alter befürchten zu müssen, sie ist jung und knusperig. Nur, in Ehren wird sie nicht mehr ergrauen können.

Bei Lissys Anblick sagen die Männer: »Donnerwetter, ist das ein hübsches Mädel.«

Die Frauen aber: »Wie die sich nur ihre schönen Schuhe anschaffen kann und die seidenen Strümpfe. Was die trägt, das ist nicht Kunstseide. Dann ist es freilich nicht schwer, schlanke Beine zu haben. Einen Pelz hat sie auch! So eine, die sich für ein paar Fetzen jedem an den Hals wirft, die hat es gut, nach der machen die Männer Stielaugen.«

Lissy freut sich über die anerkennenden Blicke der Männer und macht sich nichts aus der schlechten Meinung der Frauen. Die Kolleginnen tuscheln: »Wenn wir so viele Tippfehler machen würden wie die, wir würden im schönsten Bogen fliegen.« – »Nicht jeder kann so liebenswürdig sein zum Herrn Direktor.«

In manchen Stellungen sprachen die Neidischen auch so vom Chef oder Abteilungsleiter oder Bürovorsteher, wie es gerade kam.

Wenn Lissy solche hämischen Bemerkungen hörte, sagte sie nur überlegen: »Vielleicht wäre eure Liebenswürdigkeit gar nicht so sehr erwünscht.«

Lissy hatte schon in ihrer frühesten Kindheit beschlossen, es zu etwas zu bringen. Sie wohnte mit ihren Eltern in der Portierloge einer Bank. Ihr imponierte nie die Uniform ihres Vaters, im Gegenteil, sie empfand sie als schmähliches Zeichen von Untergebenheit, aber sie beobachtete haarscharf, vor welchen Persönlichkeiten sich die Portiermütze ehrfurchtsvoll lüftete. Sie wußte, daß man nicht so leicht erfahren kann, wie viel Kenntnisse in einem Schädel verborgen waren, nicht einmal, ob einer viel Geld in der Tasche hatte. Das wichtigste war, wie das Äußere der Menschen wirkte.

Sie wollte nicht ewig im Keller leben, sie wollte zu jenen gehören, die man ehrerbietig grüßt.

Jedes Buch, das sie las, jeder Film, den sie sich ansah, sollte ihr die Aufstiegsmöglichkeiten eines armen Mädchens zeigen; und sie zeigten sie ihr, nichts war leichter als das. Man mußte nur hübsch aussehen, ein bißchen schlau sein, und schon landete man als Gattin des Chefs in einer herrlichen Villa.

Es war natürlich, daß sie Sekretärin werden wollte.

Die Landung in der Villa schien schon schwieriger.

Vor allem, wenn die Chefs keine Villen besaßen. Wirklich wohlhabende Leute konnte Lissy nur auf der Leinwand beobachten. Jene, denen sie im Leben begegnete, waren geplagte, nervöse Geschäftsleute, meist verheiratet und Väter.

Freilich waren sie deshalb um so geneigter, die Reize Lissys zu bemerken. Ihre Opferfreudigkeit, sie auch zu gewinnen, aber war beschränkt. Doch gerade die Grenzen ihres Budgets für illegitime Freuden der Sinne machten Lissy für sie doppelt begehrenswert. Sie war billig, sie hatte ihr Gehalt, das sie ihnen, den Vorgesetzten, verdankte.

Man brauchte ihr nur kleine Geschenke zu machen und sie etwas über Tarif zu entlohnen. So war man Kavalier, ohne daß die Gattin davon etwas merken mußte.

Lissy ist nicht schwer zu gewinnen. Sie ist nicht spröde, sie kann sich das auch gar nicht leisten, sie will doch hübsch gekleidet sein. Sie will etwas vom Leben haben, und dafür muß man zahlen.

Lissy wundert sich auch nicht, daß vor ihr, die doch wehrlos ist, sich die Männer gehen lassen. Sie kennt ihre eigenen erotischen Wirkungen. Ihr schöner, junger, in Reizwäsche, Seidenkleider und Pelz gehüllter Körper hat schon verschiedene Eingriffe, die nicht immer glatt abliefen, erduldet.

Man hatte ihr oft übel mitgespielt, plötzlich, wenn sie gerade in Not war, wollte man nichts von ihr wissen. Nun, dann fand sich eben ein anderer, für den sie neu war. Sie nimmt das Leben, auch wenn es ihr sein erschreckendstes Antlitz zeigt, gleichgültig und selbstverständlich hin.

Sie arbeitet jetzt bei einem größeren Industrieverband.

Wenn sie zum Diktat geht, stoßen sich ihre Kolleginnen mit den Ellenbogen an.

Lissy hat einigen Freundinnen gegenüber nicht mit Einzelheiten über das Interesse ihres Chefs für ihre seidenen Höschen gekargt. Er ist ein krankhafter Fetischist, aber Lissy findet ihn nur komisch; er ist zum Totlachen, erklärt sie einer Freundin, die es gut mit ihr meint und ihr Vorhaltungen macht.

»Lissy, du hast jetzt einen Freund, den du liebst, warum sagst du nicht dem Alten einfach deine Meinung? Du mußt dir das nicht gefallen lassen.«

»Sei doch nicht so dumm. Meinst du, ich kann mir das leisten? Was mache ich, wenn der Alte beim nächsten Abbau erklärt: wir verzichten auf die Arbeitskraft Lissy.«

»Du gehst einfach zum Betriebsrat, wir sind doch nicht ganz wehrlos.«

»Ach, mach mir doch nichts vor über unseren Betriebsrat. Meinst du, der würde sich für mich einsetzen?«

»Du müßtest eben energisch sein.«

»Man würde erklären, daß mein Vater Arbeit hat. Weißt du, wie viel er verdient. Keine hundertzwanzig Mark, und meine Geschwister sind auch noch zu Hause. Dann kann ich ja auch heim, mich im Kellerloch verkriechen. Vorläufig habe ich wenigstens ein Zimmer, in dem ich atmen kann.«

»Du hast vielleicht ein schönes Zimmer, aber du lebst doch im Dreck.«

»Ihr quasselt soviel über anständig und unanständig, ist ja alles Blech. Ich sehe doch, wie es meinen Kolleginnen ergangen ist, die arbeitslos wurden. Die hungern, frieren, und am Ende wird ihnen doch nichts anderes übrigbleiben, als auf die Straße zu gehen. Ich weiß, wie man die Männer behandeln muß, damit man etwas vom Leben hat. Ich nütze sie wenigstens aus.«

»Bist du dumm, Lissy. Meinst du wirklich, du nützt sie aus und nicht sie dich? Du hast mir selbst erzählt, wie du dich einmal im fünften Monat einer kurpfuscherischen weisen Frau ausliefern mußtest, nur weil der feine Herr, mit dem du gingst, nichts mehr von dir wissen wollte. Du wurdest ihm zu unbequem.«

»Ach, laß das, so könnte es mir auch ergehen, wenn ich mit einem Arbeitslosen verheiratet wäre, nur hätte ich dann überhaupt kein Vergnügen.«

»Wie, wenn dein netter Freund etwas über die Geschichte mit dem Alten erfährt?«

»Ach was, er wird schon nichts erfahren. Und wenn, meinst du, mir liegt so furchtbar viel an ihm? Er verdient weniger als ich. Wenn ich heiraten würde, könnte es mir noch passieren, daß ich meinen Mann, und vielleicht noch ein paar Gören dazu, erhalten muß. Ist das so verlockend?«

»Lissy, du denkst immer nur an dich. Du überlegst dir auch nicht, daß du deine Kolleginnen verrätst, wenn du dich an deine Arbeitgeber, an deine Vorgesetzten verkaufst.«

»Verkaufst? Na, weißt du, das ist ein bißchen stark.«

»Aber doch wahr! Du läßt dich durch ein paar schöne Sachen bestechen und merkst gar nicht, daß man dich auch so nebenbei als Spitzel benutzen kann. Du bist nicht eine einzelne, Lissy, es gibt viele Tausende wie du, die, ohne selbst etwas davon zu wissen, ihren Kolleginnen in den Rücken fallen.«

»Daran habe ich eigentlich noch nie gedacht. Ich weiß nicht, ob du recht hast. Aber weißt du, nach Weihnachten will ich dem Ollen doch die kalte Schulter zeigen.«

»Aber warum erst nach Weihnachten, Lissy?«

»Zu Weihnachten hat er mir zwei Combinations versprochen, aus echter Seide, mit ganz breiten schönen Spitzen.«

»Ach, Lissy!«

Anna Thürmann, eine Familienerhalterin

Unzählige Frauen bewahren durch Waschen, Reinemachen in fremden Häusern ihre Familien vor dem Hungern.

Andere, wie Anna Thürmann, sind aber ganz amtlich und offiziell die Erhalterinnen ihrer Familien.

Anna ist Warenhaus-Verkäuferin, man schätzt sie auf ihrer Arbeitsstelle. Die Abteilungsleiterin sagt von ihr ganz anerkennend, daß sie sich nie gehen läßt. Sie ist ihren Kundinnen gegenüber immer geduldig und freundlich. Anna ist hübsch, sie hat braune Rehaugen und honigfarbene Haare (Natur). Wenn sie einen Hut, am Hutlager ist ihr Verkaufsstand, über ihren Kopf zieht und dazu gewinnend lächelt, wird er dadurch gleich schick und kleidsam. Anna ist mit Franz verheiratet, einem Rohrleger, der früher gut verdient hatte, heute aber ohne Arbeit ist. Als die Kinder kamen, hatte Anna ihre Arbeit aufgegeben. Später, um die Weihnachtszeit, ließ sie sich wieder zur Aushilfe einstellen.

Damals verlor Franz seine Arbeit. Es traf sich gut, daß Anna zufällig gerade eine hatte, sie behielt sie, bis Franz wieder etwas findet.

Anfangs war es gar nicht schlimm, daß er arbeitslos war. Anna machte der Trubel, die Bewegung im Warenhaus nach dem eintönigen Einerlei zu Hause Spaß. Franz freute sich, daß er nicht im Dunkeln aus dem besten Schlaf durch den Wecker herausgerasselt wurde. Es war ganz schön, sich länger im Bett herumräkeln zu können. Er ging zum Zahnarzt, wozu er bisher nie Zeit fand, er las, sah sich einmal richtig die Stadt an, er wußte bis jetzt wahrhaftig nicht, wie sie eigentlich aussah, er kümmerte sich ein bißchen um den Haushalt und um die Kinder.

Der finanzielle Ausfall war noch nicht so drückend, er bekam seine Unterstützung aus der Versicherung. Annas Gehalt begann erst später immer mehr einzuschrumpfen, sie brauchten keine Anschaffungen zu machen, und Anna konnte sich hier und da für den Haushalt eine Hilfe leisten.

Sie waren überzeugt, Franz, ein guter Arbeiter, würde bald wieder Beschäftigung finden. Langsam aber wurde das Leben immer grauer, man mußte mit jedem Pfennig rechnen. Die Kinder wurden krank, Anna konnte nächtelang nicht schlafen, todmüde schleppte sie sich ins Geschäft. Voll Unruhe dachte sie an zu Hause. Die Zeit schleppte sich endlos hin. Im Geschäft blieb sie die alte. Aber wenn sie nach Hause kam, fielen das Lächeln, die Freundlichkeit, die Geduld von ihr ab wie eine Maske.

Früher hatte sie Franz von der Untergrundbahnstation immer abgeholt. Es war nett, ihren hellen Kopf in der Menge der aus der Tiefe herausströmenden Frauen und Mädchen zu entdecken und zu denken: Sie ist die Hübscheste von allen. Und sie lächelte ihm zu, als verscheuchte sein Anblick die Müdigkeit.

Später aber wurde ihr Gesicht nur noch strenger, und sie sagte: »Es wäre besser, die Kinder blieben nicht so lange allein zu Hause.«

Dann kam er nicht mehr.

Sie gewöhnte sich an, ihn zu übersehen, wenn sie nach Hause kam. Sie begrüßte die Kinder, ihn nicht, sie wußte es gar nicht. Ihre Augen wanderten in der Wohnung umher und suchten, was auszusetzen wäre, so meinte er jedenfalls.

Er fühlte: sie macht ihn nach, vielleicht, ohne daß sie es ahnt. So pflegte er nach Hause zu kommen, wenn er die Lohntüte in der Tasche hatte: Ist auch alles in Ordnung? Ist das Essen fertig? Wurde in meiner Abwesenheit etwas getan?

Sie weiß nichts davon.

Aber sie begrüßt manchmal ihre Kinder, als wären sie verlassene Waisen. »Ach, mein armes Kleines, wie siehst du wieder aus? Niemand ist da, der sich um euch kümmern würde.«

»Wieder sind alle Knöpfe herunter, und keiner ist da, der sie annähen würde.«

Franz hätte nicht übel Lust dazwischenzufahren, aber er muß selbst zugeben, sie kann sich nicht wie er, damals, als er Arbeit hatte, einfach an den Tisch setzen und essen. Sie muß, wenn er sich noch so sehr die Mühe gibt, todmüde in der Küche und im Zimmer hantieren.

Er läuft zum Nachweis und verlangt im dringendsten Ton Arbeit. Er muß so verkommen, seine Ehe, die früher glücklich war, geht in die Brüche, er will sich nicht länger von seiner Frau erhalten lassen. Solche Ausbrüche sind nichts Ungewohntes beim Arbeitsamt, die Angestellten zucken nur die Achsel, sie können nichts tun. Sie ängstigen sich vor dem fuchtelnden Gereizten.

Franz läuft zum Wohlfahrtsamt. Er verlangt in aufgeregtem Ton, daß man seine Unterstützung erhöhe. Wie viel Unterstützung bekam Franz? Drei ganze Mark die Woche. Wieso nur drei Mark? Nun, er hat eine Frau, die Geld verdient. Aus diesem Grund bekommt er den gekürzten Satz. Aber er will nicht ganz von ihr abhängig sein. Begreift man das denn nicht, muß sich seine Frau zu Tode arbeiten, weil die Behörden der Ansicht sind, es sei Pflicht der Frau, ihre ganze Familie zu erhalten?

»Reg dich nicht auf, Franz, es hat keinen Sinn, es nützt gar nichts, wir gehen nur selber kaputt dabei«, sagte ihm ein Stempelbruder und früherer Kollege.

»Mensch, du hast leicht reden, du bist wahrscheinlich dein eigener Herr.«

»Jawohl, ein Stempelbruder eigener Herr, das gibst du gut.«

»Aber du bekommst wenigstens deine volle Unterstützung, ich komme mit drei Mark die Woche nach Hause. Kannst du dir vorstellen, was das für ein Gefühl ist?«

»Wahrscheinlich verdient deine Frau dicke?«

»Sie hat hundertvierzig Mark im Monat, scheint dir vielleicht eine Menge Geld, aber es reicht kaum für das Notwendigste. Meine Frau soll immer adrett gekleidet sein, der Kopf muß immer schön gehalten werden, so mit Locken und Wellen, sie ist Hutverkäuferin, hat den Kopf voller Sorgen, soll aber dazu ein süßes Gesicht machen. Es ist scheußlich, sie immer um Geld anzugehen: Anna, ich möchte mir eine Zeitung kaufen. Anna, ich brauche Fahrgeld. Anna, ich möchte eine Zigarette. Ich verkneife mir lieber die Wünsche, aber es ist bitter, als erwachsener Mann so zu leben.«

Auch Anna weiß, daß eine äußere Macht ihre Ehe zerstört, sie möchte versuchen, dieser Zerstörung Einhalt zu bieten. Sie sagt zu Luise, einer Kollegin, die im Porzellanlager Packerin ist: »Ich beneide dich oft, Luise. Du darfst wenigstens eine traurige oder ernste Miene aufsetzen, du mußt nicht immer Frauen schöntun, die dir unbeschreiblich gleichgültig sind, du kannst dafür wahrscheinlich lächeln, wenn du nach Hause kommst. Ich habe derart genug davon, daß abends für meinen Mann keine Freundlichkeit mehr übrigbleibt.«

»Mich beneidest du? Wenn man von früh bis spät mit Porzellan behutsam umzugehen hat, meinst du, wird man nicht auch kribblig? Zu Hause möchte ich am liebsten alles hintöppern. Und doch muß ich meine kranke Mutter pflegen.« Ach ja, Anna weiß es, keine von den vielen Frauen und Mädchen, die diesen riesigen Bau geschäftig bevölkern, hat ein leichtes Leben.

Nur wenige von den jungen Mädchen können sorgenlos an ihr Vergnügen denken, wenn die Glocken schrill Feierabend verkünden. Für die meisten beginnt dann neue Arbeit, die graue Hausarbeit, die noch anstrengender wird dadurch, daß Übermüdete sie ausführen müssen.

Wenn an den Ausgängen für das Personal die Verkäuferinnen, die Kassiererinnen, die Packerinnen, die Schneiderinnen, die Kellnerinnen, die Küchengehilfinnen, die Mannequins, die Buffetdamen herausströmen, so ist der Grundton der vielen ineinander zerfließenden Stimmen und Laute kein fröhliches Lachen, sondern ein sorgenvolles Murren.

Wie viele haben ein ähnliches Schicksal wie Anna, sie ist nicht die einzige unter ihnen, die ihre Familie erhält.

Die Frauen erzählen teils rühmend, teils klagend, wie sich der arbeitslose Mann mit der Hausarbeit abfindet.

»Meiner versteht sich darauf, alles schön nett herzurichten. Wenn ich nach Hause komme, kann ich mich gleich an den gedeckten Tisch setzen. Allerdings war er früher Koch.«

»Da hast du ja leicht lachen. Aber richte du mal erst einen früheren Büroangestellten zur Hausarbeit ab. Die meisten Männer bilden sich immer noch ein, sie sind zu gut für so niedrigen Robot wie Schleudern oder Abwaschen.«

»Glaubst du, mein Mann würde mir je die Schuhe putzen. Es hat eine Weile gedauert, bis er sich überhaupt herabließ, seine eigenen in Ordnung zu halten. Aber als er Arbeit hatte, war es das Natürliche, daß ich seine Stiefel wichste.«

»Ihr habt keine Kinder. Ihr könnt ja gar nicht mitreden. Aber schwer ist es, wenn noch kleine Kinder zu versorgen sind. Mit den Gören zu spielen, das macht den Vätern noch Spaß, aber sich den ganzen lieben Tag mit ihnen abzugeben, dazu reicht nicht die Geduld.«

»Weil sie schon seit ihrer Kindheit dazu erzogen werden, Weiberarbeit ist nicht für Männer.«

»Aber Weiber dürfen Männerarbeit leisten, wenn sie nur billiger sind.«

»Das ist es. Es lohnt sich bald nicht mehr zu arbeiten. Eine Bekannte von mir hätte Arbeit bekommen können in einer Spinnerei. Sie hatte vor ihrer Verheiratung schon lange da gearbeitet. Sie hätte manche Woche mit Prämien nur sechzehn Mark verdient, bei Kurzarbeit nur zehn. Ihr Mann ist arbeitslos, hatte es ihr aber nicht erlaubt: Wozu soll ich mich von meiner Frau aushalten lassen, warum sollte sie sich abrackern und ich auf meine Ruhe verzichten? Er hat ja recht.«

»Er mag ja recht haben, und doch, wie das klingt: er erlaubt es nicht. Wir erhalten die Familie, wir verdienen das Geld, aber zu sagen haben wir doch nichts. Ist es so?«

»Es ist schon so. Aber unsere Männer haben auch gar nichts zu sagen. Die paar Großen diktieren uns, wie wir zu hungern haben.« –

Anna hörte es, die anderen lebten so ähnlich wie sie. Sie weiß, Franz liebt sie, er ist gut zu den Kindern, er tut sein Bestes, es liegt nicht an ihm, wenn alles ein bißchen drunter und drüber geht. Es ist lächerlich, daß sie so übertrieben ordnungsliebend ist, daß sie Kleinigkeiten so schwer nimmt. Aber es lastet zu viel auf ihr, und immer nur lächeln, darüber könnte sie auch ein Liedchen singen.

Nachts, wenn sich Franz ihr zärtlich nähert, stößt sie ihn von sich. Begreift er denn nicht, daß sie übermüdet ist, daß ihre Nerven versagen?

Er fragt sich, ob er überhaupt noch eine Frau hat.

»Du kannst natürlich nicht verstehen, daß man von uns im Geschäft immer mehr Arbeit fordert, daß wir immer mehr eingespannt werden. Zu Hause habe ich auch noch Arbeit. Ich kann nicht mehr. Ich bin doch nicht ein Tier.«

»Aber nicht wahr, ich bin ein Tier. Was Arbeit ist, weiß ich überhaupt nicht mehr. Ich sitze den ganzen Tag schön in Ruhe zu Hause und mäste mich und denke an nichts anderes als an mein Vergnügen.«

»Niemand hat etwas Ähnliches gesagt.«

»Aber vielleicht gedacht. Das beste wäre vielleicht, wir gingen auseinander. So hat das doch keinen Sinn. Man verliert ja jede Selbstachtung.«

»Das Schlimmste ist deine ewige Überempfindlichkeit. Man darf kein Wort mehr sagen.« Fremd liegen sie nebeneinander, voller Bitterkeit auch gegeneinander, obgleich sie doch beide wissen, daß sie sich im Grunde gut sind. Dann hört Franz das zurückgedämmte Schluchzen Annas.

»Anna, mach mir das Herz nicht so schwer. Hör doch auf zu weinen.«

Dann aber fragt er sich, ob er sich nicht wirklich das Leben zu leicht gemacht hatte. Worauf wartete er eigentlich, was döst er den ganzen Tag tatenlos vor sich hin, statt für eine Welt zu kämpfen, in der es Brot gibt und Arbeit für alle. Nicht zu viel Arbeit für den einen und keine für den anderen, nicht zu viel Brot für den einen und keins für den anderen.

»Anna, könnten wir nicht Kameraden sein statt Feinde? Nur müßten wir erst die Welt verändern.«

Adele Lange, eine andere Familienerhalterin

Adele Lange, einer noch jungen Witwe, Mutter von zwei Kindern – eines zwölfjährigen Mädels und eines Jungen von acht Jahren –, widerfährt ein großes Glück. Sie findet eine gutbezahlte Stellung. Sie findet sie dank der Freunde ihres verstorbenen Mannes, der eine gute Position bei einem großen Konzern hatte.

Bei ihrer Anstellung muß sie allerdings einen Revers unterschreiben, ungefähr folgenden Inhalts: »Ich nehme hiermit zur Kenntnis, daß ich im Falle einer Verehelichung auf meine Stellung bei der Gesellschaft sofort Verzicht leiste, ohne irgendwelche Ansprüche zu stellen.«

»Mit einem Wort: ich verpflichte mich zum Zölibat«, sagt Frau Adele, der ja doch keine Wahl übrigbleibt und die im Augenblick auch gar nicht an eine neue Ehe dachte.

»Aber nein, Frau Lange«, der Personalleiter, ein alter Herr und langjähriger Freund ihres Mannes, war ganz entrüstet. »Begreifen Sie denn nicht, daß wir aus sozialem Standpunkt handeln. Verheiratete Frauen sollen den Unverheirateten eben nicht die Arbeit wegnehmen. Ich wünsche Ihnen von ganzem Herzen, daß Sie recht bald wieder einen guten, tüchtigen Mann finden. Glauben Sie mir, es ist nicht das Richtige für eine Frau, sich mit zwei Kindern allein durchs Leben zu schlagen.«

Dann entwickelte er in der blumigen Sprache seiner Jugend ein wunderschönes Bild von der Eiche, die sei der Ehemann, und dem Efeu, der liebenden Gattin, die sich um ihn rankt und Stütze bei ihm finden soll.

Der alte Herr hatte recht, es war nicht leicht, eine Stellung auszufüllen, einen Haushalt zu führen, für die Kinder zu sorgen.

Adele guckte sich die Augen nach einer Eiche aus, aber sie fand keine. Sie fand nur Hans Baum, einen Elektromonteur, gegenwärtig ohne Arbeit, einen angenehmen, bescheidenen, hilfsbereiten jungen Mann. Aber was nützt das alles, ein Mann ohne Geld ist doch keine Stütze.

Adele, vereinsamt, von ihren alten Freunden verlassen, die einer anderen Gesellschaftsklasse angehören als sie, die arme Witwe, liebt aber ohne Rücksicht auf Nützlichkeit.

Doch später beginnen sie darüber nachzudenken, wie sie ihr Leben besser einteilen könnten.

Hans wohnt bei seinen Eltern und bekommt sechs Mark Unterstützung. Manchmal wird er bei Bekannten zu kleinen Hilfeleistungen herangezogen, die sein Einkommen erhöhen.

Adele sagt sich, daß Hans in der Kammer, in die sie sonst Sachen unterstellt, wohnen könnte. Wenn er nicht mehr zu Hause ist, erhöht sich auch seine Unterstützung, er bekommt 8 Mark. Er kann auch, wenn er nichts weiter zu tun hat, auf die Kinder aufpassen und im Haushalt etwas helfen, sie ist dann nicht mehr so ganz auf die Hilfsbereitschaft der Nachbarinnen angewiesen.

Anfangs geht alles gut. Hans wird als möblierter Herr angemeldet, mit den Kindern steht er auf freundschaftlichem Fuß.

Nur die Ämter, die geben sich nicht so leicht zufrieden, die wollen über alles genau Bescheid wissen. Hans ist Unterstützungsempfänger, dadurch hört sein Privatleben auf, Privatleben zu sein.

Die Behörden geht es etwas an, ob Hans nur in seiner Kammer oder auch in Adeles Bett schläft.

Sind sie so moralisch, ist es Sittenschnüffelei?

Nein, diesmal ist es etwas anderes, sie wollen im Gegenteil, obgleich sie dazu gar nicht aufgefordert wurden, den Bund Adeles und Hans' segnen. Plötzlich wird in ihren Augen eine Ehe auch dann eine, wenn sie standesamtlich nicht eingetragen wurde.

Woher kommt diese unerwartete freisinnige Anschauung? Geld läßt auch die sittsamsten Menschen oft ihre

Grundsätze vergessen. Warum sollte der kapitalistische Staat darin anders sein? Er möchte an Hans einige Mark einsparen, deshalb das väterliche Interesse an Adeles und Hans' Beziehungen.

Aber wodurch wurde es überhaupt geweckt? Durch eine andere Geschichte. Im selben Haus wohnt der Schaffner Klausner mit der früheren Mamsell Hanna Kahle, einer geschiedenen Frau. Als man ihr mit der Begründung, sie lebe mit dem Schaffner in eheähnlichen Beziehungen, die Unterstützung entzog, wehrte sie sich heftig. Unter anderem brachte sie, nur um ihre eigene Lage zu bessern, den Fall Adeles vor: »In unserem Haus, da wohnt die Witwe Adele Lange, die verdient doppelt soviel wie der Schaffner Klausner, mit dem ich zusammenleben soll. Die hat doch auch einen Mann in ihrer Wohnung, den Hans Baum, und der bekommt die volle Unterstützung ausgezahlt. Wie komme ich dazu, anders behandelt zu werden?«

Wahrscheinlich wurde der Fall der Mamsell auch durch eine aufgeregte Freundin zur Kenntnis der Behörden gebracht. Jedenfalls kam der Stein ins Rollen. Man begann zu recherchieren, die Hausbewohner über Hans und Adele zu befragen.

Für die Kleinbürgerinnen, die Kino und Theater entbehren, war das gefundenes Fressen. Man munkelte ohnehin schon über die Witwe und ihren Freund. Nun hatte man geradezu ein Recht, ja die staatsbürgerliche Pflicht, auch die Kinder auszufragen.

War Hans ihr Vater? Oder nur der Mann ihrer Mutter? Seit wann kannte Adele Hans? Wo schlief er? Er war doch kein gewöhnlicher Mieter. Die Kinder hatten sich bis jetzt nie Gedanken über Hans gemacht, er war ein Freund, mit dem man spielen konnte.

Aber die Fragerei erregte die Phantasie der Zwölfjährigen im Pubertätsalter, sie war empört. Die Mutter hatte sie belogen. Ihr hatte sie gesagt, daß Hans bei ihnen ein Zimmer gemietet hatte, in Wirklichkeit war er ihr Mann, nur sie, die Tochter, sollte nichts davon erfahren. Aber die Hausbewohner, die wußten Bescheid.

Die Kleine setzte sich mit ihrem Bruder zusammen, sie beratschlagten. Als Adele abends nach Hause kommt, findet sie einen Brief vor. In richtiger ernsthafter Form, doch mit kindlichen Krix-Krax-Buchstaben geschrieben: »Sehr geehrte Frau Lange, oder heißen Sie eigentlich Frau Baum? Wie wir erfahren, ist Herr Baum Ihr Mann. Mutti, uns hast du gesagt, er ist ein Mieter. Wenn Herr Baum aber Ihr Mann ist, betrachten wir Sie nicht (das »nicht« unterstrichen) mehr als unsere Mutti – Hochachtungsvoll. Aber Mutti, nicht wahr, das ist doch Lüge?«

Adele ist verzweifelt. Zu allen Schwierigkeiten gesellt sich noch der Konflikt mit den Kindern. Sie lassen sich nicht durch einige gute Worte und Zärtlichkeiten beruhigen, sie wollen die Wahrheit wissen. Aber gerade die kann Adele ihnen nicht sagen, der Junge würde sich bestimmt verplappern, und dann verlöre Hans den größten Teil seiner Unterstützung. Die Kinder bleiben mißtrauisch. Sie beobachten auf das schärfste Hans und Adele.

Freunde raten ihr: »Heirate doch Hans, dann ist wenigstens euer Verhältnis klar, und die Kinder würden sich einfach und natürlich darin fügen.«

»Wirklich, wie leicht gesagt.« Adele muß bitter lachen. Wenn sie heiratet, verliert sie ja sofort ihre Stellung, sie bekäme nicht einmal Unterstützung, sie alle müßten hungern. Wunderbar ist dieses unser Leben eingerichtet.

Aber die amtlichen Fragereien gehen noch weiter. Adele kommt nicht zur Ruhe. Das Leben der kleinen Familie ist zerstört, wegen einiger Mark, die der Staat an ihnen einsparen will. Über viele Ehen und ihr Glück entscheiden heute einige Mark.

Aus: *Die Welt am Abend*, 28. Januar bis 8. Februar 1933

Mädchen mit drei Namen
Ein kleiner Berliner Roman

Ankündigung in der Zeitung *Die Welt am Abend* vom 11. Juli 1932 (Nr. 160)

Die unseren Lesern durch ihre Romane und Reportagen bekannte Schriftstellerin Maria Leitner hat für die *Welt am Abend* einen Berliner Roman unter dem Titel *Mädchen mit drei Namen* geschrieben, mit dessen Veröffentlichung wir morgen beginnen.

Maria Leitner schildert in diesem Roman, der besonders Frauen interessieren dürfte, die Erlebnisse eines jungen Mädchens, das aus der Provinz nach Berlin kommt, in die Fürsorge gerät, entflieht, neues Mißgeschick erfährt und zuletzt den Weg findet, der allein eine Rettung aus allem Wirrwarr verheißt. Ein Frauenschicksal in dieser Zeit wird in Maria Leitners Roman erzählt – packend und spannend. Unter den zahlreichen Frauenromanen, die in letzter Zeit das Schicksal alleinstehender Frauen geschildert haben, nimmt der Roman Maria Leitners einen ersten Platz ein.

Die Veröffentlichung beginnt am 12. Juli 1932 (Ausgabe Nr. 161) und endet am 1. August 1932 (Ausgabe Nr. 178) mit der 17. Fortsetzung.

Fort aus Cottbus

Familie, das war für mich Enge, Zank, Geschrei. Seit Vater keine Arbeit hatte, stampfte er immer ungeduldig durch unsere einzige Stube, schrie die Kinder an – ich habe noch drei Geschwister und bin die Älteste – und hatte an allem etwas auszusetzen. Die Mutter war vergrämt und verbittert, sie hatte Arbeit genug, wusch auch für Fremde. Wenn ich nach Hause kam, kommandierten sie mich herum.

»Lina, bring das oder bring jenes« – »Lina, kannst du dich nicht auch einmal um deine Geschwister kümmern?« – »Lina, meinst du, es würde dir schaden, wenn du auch im Haushalt zugreifen würdest?«

Mir gegenüber fühlten sie sich als Herren. Heute verstehe ich das alles besser, aber damals war ich nur verbittert und habe sie auch gehaßt. Ich habe doch den ganzen Tag gearbeitet und wollte, wenn ich nach Hause kam, ein bißchen Ruhe haben, aber daran dachten sie nicht. Ich war Lehrmädchen bei Fräulein Charlotte Krietze, das ist das beste Hutgeschäft in Cottbus. Im Schaufenster steht mit goldenen Buchstaben, schräg geschrieben, nur: Charlottes Mode.

Bei ihr kauften die vornehmen Damen von Cottbus die Hüte. Die Frau vom Sparkassendirektor, vom Bürgermeister und alle Damen, die etwas auf sich hielten.

Fräulein Charlotte war streng, sie schimpfte oft, auch sie kommandierte den ganzen Tag: »Lina, mach das«, – »Lina, mach jenes.« Ich bin gesprungen und gerannt, denn ich wollte es auch so weit bringen wie Fräulein Charlotte. Aber an einem Morgen erfuhr ich, daß sie gar nicht die Absicht hatte, aus mir eine Verkäuferin zu machen, wie sie es meiner Mutter versprochen hatte.

Zufällig hörte ich sie mit Frau Direktor sprechen: »Nun haben Sie bald auch eine Verkäuferin, Fräulein Charlotte.«

»Ach, das bringt mein Geschäft nicht ein, ich kann nur Lehrmädchen gebrauchen, und die Lina wäre ja auch viel zu dumm dazu.« Ach so ist das: Wenn ich ausgelernt habe, werde ich auf die Straße gesetzt und kann zu Hause herumsitzen wie Vater. Ich fühlte den Mund bitter werden, wie ich mir das überlegte. Aber der Tag war noch nicht zu Ende. Als ich nach Haus kam, war das erste, was ich hörte: »Lina, abwaschen.«

Ich wußte ja, daß ich niemand habe, mit dem ich mich mal aussprechen kann. Das Klagen würde ja auch nicht viel nützen. Meine kleine Schwester zupfte mich am Kleid und wollte, daß ich ihr etwas Lustiges erzähle. Da geschah das Unglück. Eine Schüssel rutschte mir aus der Hand und zerbrach.

Wie komisch das klingt, eine zerbrochene Schüssel, ein Unglück. Aber bei uns gab es nichts anderes als eine Rechnerei mit jedem Pfennig. Wenn Vater die Unterstützung nach Hause brachte und ich mein Lehrgeld, wurde es genau eingeteilt, wieviel man an jedem Tag ausgeben durfte. Für Unvorhergesehenes durfte nichts ausgegeben werden, deshalb war es so schlimm, wenn etwas kaputt ging.

Meine Mutter packte mich am Arm und schüttelte mich. »Weil du nie achtgeben kannst, weil du immer nur an Dummheiten denkst.« Dann warf sie sich über den Tisch und begann zu weinen. Es war schrecklich, wie kann man über eine alte Schüssel aus dickem Porzellan, das ganz zerkratzt war und dessen dunkles Inneres durch die Glasur schon durchschimmerte, weinen.

Ich wollte nicht länger so leben, so aussichtslos. Es war doch unmöglich, sich nur immer so zu quälen für den nächsten Tag, nie auf etwas Besseres hoffen zu können.

Die ganze Nacht überlegte ich, was ich tun könnte. Daß ich fort wollte war beschlossen. Wohin? Nach Berlin. Ja, in einer solchen Großstadt, da kann man sicher noch das Glück finden. Aber zu Hause durften sie nichts davon wissen. Einige Mark hatte ich mir schon früher beiseitegelegt, mit diesem Gedanken ging ich schon lange um, es war für mich nichts Neues. Morgen sollte ich mein Lehrgeld bekommen, ich würde es nicht abgeben. Es kam schon öfter vor, daß ich es verspätet erhielt, das würde zu Hause nicht weiter auffallen. Am nächsten Tag, also übermorgen, wollte ich so tun, als ginge ich ins Geschäft, aber dann würde ich, wenn mich niemand mehr beobachten kann, umkehren und zum Bahnhof gehen.

Erst als ich schon im Zug saß, wurde ich aufgeregt. Da kam mir zum Bewußtsein, was ich unternahm. Was würde mit mir in Berlin geschehen? Aber nun war es gleich, ich würde nie mehr zurück wollen. Ich überlegte mir auch, daß ich bei der Ankunft recht vorsichtig sein mußte. Das Lehrmädchen aus dem Kolonialwarengeschäft in der Nachbarschaft war auch einmal ausgerückt, aber sie wurde von der Polizei zurückgebracht.

Die Hauptsache, daß niemand merkt, daß man fremd ist. Als ich ausstieg, da achtete ich vor allem darauf, daß mein Gesichtsausdruck nicht verrate, wie verworren ich wurde von all dem Durcheinander, Rufen und Drängen auf dem Bahnhof, der mir ungeheuer groß schien nach unserer Cottbuser Station. Ich hatte nur eine alte Pappschachtel mit, die ich abends zuvor zu meiner Freundin geschafft hatte. Aber ich sagte mir, auch die lasse ich sofort bei der Gepäckaufbewahrungsstelle, denn mit leeren Händen sieht man gleich zugehöriger aus.

Auf der Straße tat ich auch, als wäre ich solchen Lärm, Geklingel und Gehupe ganz gewöhnt.

Da fiel mir aber ein, daß ich doch ein Quartier brauchte. Um den Bahnhof herum, aber schon weiter von den belebteren Straßen gab es graue, schmutzige Häuser, die sich Hotels nannten. Ihre Schilder hatten eine abschreckende Wirkung auf mich. Das Zimmer pro Tag von drei Mark an. Wenn sie noch schmutziger waren, von zwei

Mark fünfzig. Mir wurde es ganz schwindlig im Kopfe, ich hatte doch alles in allem kaum noch zwölf Mark. Wie lange konnte das reichen? Was sollte dann mit mir geschehen?

Ich ging immer weiter, ohne mich viel umzusehen. Sollte ich gleich Arbeit suchen? Aber wie? Sicher war das auch sehr schwer. Ich weiß ja gar nicht, wie lange ich durch die Straßen wanderte, als ich eine erreichte, die besonders dunkel und grau erschien, weil breite Eisenbogen durch ihre Mitte liefen.

Hier, vor einem Zeitungsladen standen viele Menschen: Männer, die sich auf ihre Fahrräder stützten und Frauen in jedem Alter. Gerade wie ich vorbei ging, kam ein Bote heraus und verteilte Zettel umsonst. Darauf stand: Arbeitsmarkt. Da merkte ich doch, daß es in Berlin anders zuging als in Cottbus. Hier gab es noch Arbeit, man konnte etwas suchen. Ich setzte mich auf eine Bank und las staunend, wieviele Möglichkeiten es hier noch gab. Hier mußte man nicht bei Bekannten herumhorchen, wo irgendwo Arbeit frei wurde. Ich würde hier schon meinen Weg machen.

Unter der Rubrik Hausangestellte fand ich auch ein Inserat, das mir ein Wegweiser schien in meiner unglaublichen Lage. Da stand: »Heim für Hausangestellte, freundlich, billigst, auch tageweise.« Die würden doch sicher nicht so verrückte Preise verlangen wie die schmutzigen Hotels. Ich fragte ein Mädchen, das neben mir auf der Bank gleichfalls das Zeitungsblatt studierte, wie ich die Adresse finden könnte.

Es stellte sich heraus, daß es ganz in der Nähe war und ich nur immer geradeaus weitergehen mußte.

Das Heim für Hausangestellte

Das Haus sah sehr fein aus mit einer großen Marmortreppe, die aber etwas beschädigt war, ebenso wie der rote Teppich, der über die Treppen lief. Das Licht fiel farbig durch kaum bekleidete Damen, die Kränze in den langen, offenen Haaren trugen. Ich rüttelte an einem Ring, der durch einen Löwenkopf gezogen war, worauf sich die Tür öffnete und eine bekümmert aussehende Frau mir entgegentrat.

Ich erklärte ihr, daß ich Unterkunft suche.

Darauf wurde sie freundlicher, aber immer noch sah sie aus wie eine abgenutzte Figur, die, soviel man auf ihr herumwischt, so recht verstaubt wirkt.

Während ich versunken ihre Tränendrüsen und die scharfen Runzeln ihres Gesichtes ansah, betrachtete sie mich auch prüfend.

»Sind sie in Stellung, Fräulein?«

Schnell sagte ich ihr, daß ich wohl bis heute in Stellung war und morgen wieder daran denken wolle, mich nach einer anderen Stellung umzusehen. Nun wurde sie richtig höflich und bat mich hinein.

»Hier ist ein reizendes Zimmer«, sagte sie und zeigte mir einen Raum, der in Plüschmöbeln, Troddeln, Familienbildern, zerbrochenen Vasen, zerrissenen Decken ganz versank. »Hier können sie ganz allein sein und ungestört.«

»Das wird wohl für mich zu teuer sein?« gab ich ihr zu bedenken. »Ja, hier müßten sie pro Tag eine Mark bezahlen, aber wenn sie mit anderen Mädchen zusammenwohnen, kostet es weniger, nur 75 Pfennig, und dann haben sie einen ganz großen Raum mit viel Luft.« Sie zeigte mir einen dieser Räume, die genau so überfüllt waren wie der erste, nur daß hier auf Betten und Sofas und Stühlen Mädchen herumsaßen, die sich recht zu mopsen schienen, und die uns Grimassen machten, als wir in der Tür erschienen.

Eine Wolke von billigem Parfüm und Puder, Brillantine und Schweiß schlug uns entgegen.

Als die Dame sah, daß ich zweifelnd um mich blickte, erklärte sie, daß, wenn ich vorliebnehmen wollte, sie noch etwas Billigeres für mich hätte.

Nun führte sie mich in die Küche und zeigte auf eine Holztreppe, die nach oben führte.

»Hier brauchen sie nur fünfzig Pfennig zu zahlen und haben ihr gemütliches Stübchen. Es ist zwar etwas dunkel, aber sie können sich ja tagsüber in der Küche oder in der großen Stube bei den anderen Mädchen aufhalten.«

Diese Mädchenkammer, zu der der Weg wie zu einem Hühnerstall führte, erinnerte auch stark an einen solchen. Ein Fenster war nirgends zu entdecken, und so war es kein Wunder, daß Licht keinen Weg hineinfand.

»Aber wenn man schläft, braucht man auch kein Licht«, erklärte die Wirtin, »und die Mädchen, die hier wohnten, brauchten es auch nicht zu einem anderen Zweck benutzen.«

Hier schlief ich nun die erste Nacht in Berlin. Zufrieden war ich nicht. Uneingestanden habe ich doch etwas Besonderes erwartet und ein Abenteuer, das plötzlich zum Glück führt, erhofft, wie das so oft im Kino zu sehen ist. Aber nichts weiter ist passiert, als daß ich in einem alten, abgenutzten Bett schlief, in einem fensterlosen Zimmer.

Weil es so ungewohnt war, schlief ich schlecht und es war, als hausten hier noch all die früheren Mädchen, die sonst nirgendwo Platz fanden. Früher war das sicher eine feine Herrschaftswohnung und das Dienstmädchen mußte die vielen großen Zimmer reinigen, und hier also ruhten sie sich aus, um am nächsten Morgen, nur halb ausgeschlafen, weiterzuarbeiten. Sicher wechselten sie oft, denn das Bett war so durcheinander zerbeult, daß es nur von den verschiedensten Gestalten in allen Teilen so durchgelegen sein konnte.

Schon frühmorgens begannen die Mädchen in der Küche zu lärmen. Sie kochten sich Kaffee und besprachen die Aussichten für den Tag. Einige fanden, daß bestimmte Tage am günstigsten seien für die Arbeitssuche, die meisten aber waren sich darin einig, daß es eine scheußliche

Angelegenheit sei, sich von den ungnädigen Augen der Gnädigen begutachten zu lassen. »Wenn das verfluchte Geld nicht wäre.«

Ja, daran mußte ich auch denken. Wenn ich keine Arbeit fände, was würde dann mit mir geschehen? Zurück nach Hause wollte ich nicht, das auf keinen Fall, trotz alledem.

»Im schlimmsten Fall bleibt nichts anderes übrig als das«, eines der Mädchen zeigte mit dem Finger gegen die Decke.

Was meinte sie wohl? Den Himmel? Aber ganz so fromm sah sie nicht aus.

Später erfuhr ich, wen sie eigentlich meinten, wenn sie von da oben sprachen, denn das geschah öfter, auch bei den anderen, wenn sie nicht wußten, wie es weiter werden sollte.

Denn es ging nicht so leicht mit dem Arbeitfinden, auch bei denen, die eine Menge Zeugnisse hatten, die alle ihre guten Eigenschaften und ihre Arbeitskraft bescheinigten.

Mich nahm man überhaupt nicht ernst bei der Arbeitsvermittlungsstelle, und ich wurde nur so hin und her geschoben.

Aber eigentlich war ich zufrieden, keine Stellung zu finden, wenn ich die Gespräche der Mädchen hörte. Wenn es klingelte sahen sie sich alle an und sagten: »Mensch, ist das ein Vergnügen, daß man jetzt nicht aufspringen muß, daß man nicht Angst zu haben braucht, daß man wieder neue Befehle bekommt.«

Sie waren absichtlich nachlässig und unordentlich.

»Das ist direkt ein Genuß, mal nicht immer für die anderen nett zu sein und sauber.«

»Sich nicht darum zu scheren, ob auf fremden Möbeln prüfende Finger nach Staub suchen.«

»Rauchen, wenn es einem paßt.«

»Ne Frisur haben, wie sie einem selbst gefällt.«

»Ausgeschnittene Kleider tragen, wenn es einem Spaß macht.«

»Nicht immer gerufen zu werden.«

Eine warf sich mit den Schuhen aufs Bett und begann laut zu singen.

»Nicht immer nur für die anderen da sein, man möchte auch mal sein eigenes Leben leben.«

»Vierzehn Stunden täglich auf den Beinen stehen, davon kann man auch genug haben, wenn man es ein paar Jahre gemacht hat.«

»Einen Mann für ständig findet man auch nicht leicht, wenn man immer in ein fremdes Haus eingesperrt ist.«

»Na, findet man überhaupt nicht leicht.«

»Manchmal könnte man wahrhaftig meinen, da oben wäre es doch besser.« Da war es wieder, dieses oben, aber sie meinten nicht den Himmel, sondern etwas ganz anderes.

Dieses oben war die Dame in einer Etage höher, es war überhaupt die Etage höher.

Die Dame von oben war die Freundin unserer Wirtin, aber man könnt sich schwer etwas Gegensätzlicheres vorstellen. Sie wirkte neben unserer grauen, verstaubten Wirtin wie ein Clown, den ich als Kind einmal im Zirkus sah und über den ich soviel lachen mußte. Genau so war sie bemalt, weiß mit roten Bäckchen und auch hier wußte man nicht, wie eigentlich der Mensch aussah, der hinter der Maske, die die Menschen erheitern sollte, lebte. Vielleicht war sie genauso grau wie unsere Wirtin oder es verbarg sich noch Schlimmeres dahinter. Auch ihre Augen sahen unwirklich aus, wie die Glasknöpfe eines Fuchses. Ihre Frisur bestand aus unzähligen kanariengelben Löckchen, die, wenn sie sprach oder lachte, sich zitternd zu jedem Ton bewegten. Am Finger ihrer linken Hand funkelte ein großer Stein, auf den sie bestimmt stolz war, denn immer, bei jeder Bewegung blieb er sichtbar. Vor ihren Händen hatte ich Angst, vielleicht weil ihre glänzend polierten Nägel so rot waren, als bluteten sie.

»Wenn du nicht brav bist, holt sie dich, Küken«, sagte mir das Mädchen, als sie merkte, wie ich in Furcht vor dem stehenden Blick der Frau zurückwich.

»Du gefällst ihr, Kleine, sie braucht sicher frische Ware«, lachte eine andere.

»Die Mädchen, die bei ihr wohnen, sind klüger als wir, die arbeiten sich nicht kaputt und führen ein duftes Leben.«

»Quatsch nicht, ein armer Wurm bleibst du so oder so, und wirst ausgepreßt für andere

»Wir können gar nicht wählen. »Wenn wir keine Arbeit haben und kein Geld, bleibt uns doch nichts anderes übrig als die da oben.

»Aber nur solange wir jung sind. Wenn du alt bist, kannst du zum Teufel gehen, so oder so.«

Ich war neugierig, wie es da oben war, was überhaupt alle meinten. Einmal ging ich die Treppe weiter hinauf. Auf einem Messingschild stand ein französischer Name, den ich nicht hätte aussprechen können. Die Klinken und Knöpfe waren alle besonders blank geputzt, der Läufer wurde hier ansehnlicher, die Tür glänzte ölig, aber doch wirkte alles versteckt schmierig, vielleicht weil ich nur wußte, wer die Dame da hinter der Tür war. Es schien mir als hörte ich lachen und laute Stimmen. Ob es hier auch so viele Mädchen gab wie bei uns? Alle, die kein Geld hatten und nicht weiter konnten?

Da hörte ich Schritte, ein Herr kam schwer atmend herauf. Er sah mich so unverschämt an, daß ich Angst bekam und wieder hinunterlief. Keine Arbeit, kein Geld; zu essen hatte ich nicht viel, die Mädchen gaben mir immer etwas ab, als sähen sie mir an, daß es mir schwer fällt zuzusehen, wenn andere essen.

»Die Stulle kann ich nicht mehr verdrücken, nimm mal, Küken, es wäre schade, wenn sie umkäme.« Oder: »Jetzt habe ich doch wieder zu viel Brei gekocht, zum Wegwerfen ist's zu schade, also los, Küken.« Sie nannten mich alle Küken, obgleich ich fühlte, wie ich mit jedem Tag älter wurde.

Meine Miete blieb ich auch noch schuldig. Eines Tages lag in meinem Hühnerstall ein Zettel der Wirtin mit der Aufforderung schnellstens zu zahlen, sonst würde sie Schritte unternehmen. Ob die nach oben führen sollten? Wie schrecklich schwer war das Leben.

Die Wirtin saß auf einem Sofa in der »guten Stube«, die aussah wie eine Schublade voll durcheinandergeworfener, nicht zusammenpassender Erinnerungen. Das einzige Fenster hatte sich ganz in die äußerste Ecke verkrochen, als schämte es sich, zuviel Licht hereinzulassen. Sie sah mich, während sie sich mit ihrem Papagei und ihrem Kanarienvogel beschäftigte, vorwurfsvoll an.

»Eine alte Frau hat es schwer im Leben, ich kann nicht anderen helfen, ich muß sehen, wie ich selbst durchkomme.«

Sie musterte mich von Kopf bis Fuß, als wären wir auf dem Markt und ich eine Ware, die sie kaufen wollte. »Wenn ich jung wäre und hübsch, dann wüßte ich, wie man leicht Geld verdient.«

Ich antwortete ihr nicht, ich verstand ganz gut, was sie meinte, aber ich haßte sie.

»Ein junges starkes Mädel sollte nicht eine arme, alte Frau um ihre paar Groschen bringen, ich muß auch meine Miete bezahlen.«

Ich lief weg und wußte nicht, was beginnen. Ich hatte genau 25 Pfennige in der Tasche, das war für einmal Fahrgeld, falls ich mich auf eine Anzeige vorstellen wollte. Aber heute stand in der Zeitung nicht einmal etwas, das hoffnungsvoll schien.

Draußen war es warm und sonnig, die Straßen voller Menschen, die scheinbar alle gar keine Sorgen hatten. Aus einem Eissalon sickerte Musik auf die Straße. Drin sah es lustig aus. Die Wände waren mit Pagoden und märchenhaften Schlösser bemalt. Von der Decke rieselten bunte Papierblumen herab. Alle löffelten ihr Eis, als ob es besonders gut schmeckte. Man konnte ja auch zu Fuß gehen, die weiteste Strecke, oder schwarz fahren, das gelingt manchmal auch. Ich wollte auch einmal etwas vom Leben haben und Eis essen, wenn es ohnehin schon so schlimm um mich stand.

Aber es schmeckte mir doch nicht so, wie ich mir es dachte. Die Musik hörte sich von draußen auch lustiger an, und die Papierblumen waren hübscher aus der Ferne.

»Heulliese«, hörte ich plötzlich jemanden sagen. Weinte ich? Ach ja, die Tränen kullerten mir über das Gesicht, ohne das ich es merkte.

»Tränen sind heiß, sie zerschmelzen das Eis.« Das sagte wieder dieselbe Stimme.

Nun sah ich mir erst genau mein Gegenüber an. Es war ein Mädchen, das mich mit lustigen Augen anblinzelte. Sie hatte glänzende schwarze Haare, die wie eine Kappe ihren Kopf umschlossen. Ihre großen schwarzen Augen tänzelten leuchtend, und wenn sie lachte, sah man zwei Reihen tadelloser weißer Zähne.

»Ich wette, ich weiß, was passiert ist. Er hat Sie versetzt und Sie haben jetzt kein Geld, um ihr Eis zu bezahlen. Stimmts?«

»Ich habe überhaupt niemanden, der mich versetzen könnte«, sagte ich, und da kam es mir erst zum Bewußtsein, wie allein ich war, und nun begann ich erst recht zu weinen.

»Was ist denn mit dir los? Sagen wir du zueinander. Gut? Ich mag's nicht sehen, wenn jemand weint. Das Leben ist doch ganz lustig, man soll es nicht ernster nehmen als nötig. Findest du nicht auch? Na ja, du nicht, aber dann solltest du dich ändern.«

Das Mädchen trug ganz schief über die Ohren gesetzt eine kleine Mütze mit Pompons, sie hatte viele Armreifen, die, während sie sprach, leise klirrten. Auf ihrer Handtasche war ein kleiner Hund abgebildet, alles an ihr schien so eigenartig. Aber sie hatte etwas so Freundliches, daß ich sofort Zutrauen zu ihr faßte.

Ich erzählte ihr alles, und es tat mir wohl, nach langer Zeit mit jemandem offen sprechen zu können.

Ich sprach über die Wirtin, die ich nicht bezahlen konnte und die mich nun quälte, vom Hühnerstall, in dem ich wohnte, von oben, von der Schwierigkeit Arbeit zu bekommen und von der Aussichtlosigkeit meines Lebens.

Aber das Mädchen lachte nur.

»Wie kann man nur über die paar Kröten, die du schuldig bist, weinen? Kannst du tanzen? Ich will dir Unterricht geben. Ich verschaffe dir auch Arbeit. Wenn ich mit dem Geschäftsführer rede, obgleich die Saison jetzt flau ist. Ich bin Tanzdame in einem Tanzpalast. Wenn du gern tanzt, ist das keine schlechte Arbeit.«

Tanzen, ja, das ist sicher besser als Dienstmädchen sein oder Lehrling, da wollte ich gern mitmachen. Aber was sollte inzwischen mit mir geschehen?

»Vorläufig kannst du auch bei mir wohnen, später werden wir ja weitersehen.«

Ich konnte nicht genug über diese Mädchen staunen. Sie war sicher nicht älter als ich und hatte doch eine eigene Wohnung, wie sie sagte, und war so selbstsicher und hilfsbereit. Ich hatte wirklich Glück, daß ich sie fand.

Angelika

Das Mädchen, das meine Freundin wurde, hieß Angelika. Angelika telefonierte an meine Wirtin, als wäre sie eine Gnädige, die mich als Kindermädchen engagierte. Sie erzählte, daß ich meine Sachen brauchte, und daß sie dann Sorge tragen würde für die spätere Bezahlung meiner Schulden. Während sie sprach, sah man geradezu eine Dame mit Doppelkinn, vor der jeder Angst hat, ihr Mann nicht ausgenommen. Ich glaube, auch meine Wirtin bekam vor ihr Angst, denn sie sagte zu allem ja.

Wir lachten sehr und Angelika beschloß, mit mir erst einmal spazieren zu gehen. Ich müßte erst einmal Berlin kennen lernen, sagte sie, denn man sehe mir noch zu sehr Cottbus an.

Die ganze Stadt veränderte sich, während ich mit Angelika durch die Straßen von Berlin ging. Ich kam in Gegenden mit den wundervollsten und prächtigsten Geschäften, in denen man alle Schätze der Welt feilzubieten schien. Ich hatte bisher kaum gewagt, durch diese Straßen zu gehen. Angelika aber fühlte keine Scheu, sie blieb lange vor jedem Schaufenster stehen, aber sie sah sich die Sachen drin nicht so an, als gehörten die in eine fremde Welt, die sie kaum etwas anging, so wie ich es früher tat. Nein, sie zog förmlich die Kleider, die sie sah, an, legte die Pelze um ihre Schultern und verlangte von mir, daß ich mir aussuchen solle, was mir gefällt.

»Siehst du, wenn ich dieses weiße Seidenkleid anhätte und dazu die Perlenkette und die weißen Absatzschuhe mit Straßabsätzen und diese Handschuhe, dann wäre ich schöner als diese Filmschauspielerinnen, die man so bewundert. Wenn ich Geld hätte, wäre es eine Kleinigkeit für mich, reich zu werden. Ich könnte schön angezogen in ein teures Hotel gehen und die Millionäre würden sich sofort in mich verlieben.«

»Und im Tanzpalast gibt es die nicht?« fragte ich sie. Angelika lachte furchtbar laut.

»Nein, mein Kind, da muß ich dich enttäuschen. Millionäre werden uns dort nicht in die Arme laufen, das wirst du schon sehen. Die Hauptsache aber ist, daß man immer daran denkt, wie man weiterkommen kann.«

Wir standen vor einem Juwelenladen und Angelikas Augen strahlten nicht weniger als die Steine, die sie entzückt betrachtete.

»Meinst du, wir sollten die einfach nur dicken, häßlichen Weibern überlassen. Ich bin bereit, um ihren Besitz zu kämpfen und ich bin überzeugt, wenn man den starken Willen hat, erreicht man auch, was man will. Was meinst du?«

Ich konnte gar nicht antworten, denn ich wurde ganz benommen im Kopf. Auf alle diese Gedanken bin ich noch nie selbst gekommen, aber wenn ich mir Angelika ansah, konnte ich mir leicht vorstellen, daß sie fähig wäre, das, was sie wollte, auch auszuführen.

Dann kamen wir zu einem Hutgeschäft und es gab kaum einen hübschen Hut, den Angelika in Gedanken sich nicht anprobiert hätte. »Ja, sie haben ganz recht, gnädige Frau, dieser kleine rote Hut würde sie entzückend kleiden.«

Das war eine männliche Stimme, die neben uns sprach. Ich bekam solche Angst, daß ich erst weglaufen wollte, aber als ich mir den Besitzer der Stimme näher betrachtete, verging mir die Angst und ich mußte die Zähne zusammenbeißen, um nicht zu lachen.

Es war ein ganz junger Mensch, dem man ansah, daß es ihm Mühe kostete, so weltmännisch zu sprechen. Er hatte einen schlecht sitzenden Anzug an und seine Krawatte hatte sich verschoben. Er war ganz rot vor Aufregung, aber auch die Farbe verdeckte nicht seine vielen Pusteln. Auch mit seinen Händen wußte er nicht recht was anzufangen. Er schien, nachdem er sich so kühn gezeigt hatte, wieder Angst bekommen zu haben und ausrücken zu wollen. Angelika hatte ihn auch aufmerksam betrachtet, aber sie lachte nicht.

Wahrscheinlich war sie der Ansicht, daß man nie wissen könne, in welcher Form sich das Glück zeigte.

»Meinen Sie?« sagte sie und sandte ihm ein liebenswürdiges Lächeln zu. »Ob ich hineingehen soll und ihn wirklich anprobiere?« Aber jetzt schien der Herr noch größere Angst zu bekommen und er sprach von morgen oder übermorgen, wo er unsere nächste Bekanntschaft machen könnte und andere allgemeine Sachen, aber nichts mehr vom Hut. Dabei betrachtete er mit begeisterten Augen Angelika.

»Wir tanzen jeden Abend im Bosporus-Palast«, sagte sie. Sie sagte wir, meinte es also ganz ernst mit mir. Ich wurde neugierig, wie es dort aussah.

Auch der junge Mann wurde es, denn er sagte gleich zu und versprach, bestimmt zu kommen.

»Ich werde ihn nur hinhalten, deshalb wollte ich auch nicht, daß er uns begleitet. Du wirst schon sehen, ich werde ihn so weit bringen, mir zu kaufen, was ich will.«

Daran glaubte ich nicht recht, denn der Junge sah eigentlich armselig aus, aber ich wollte meiner neuen Freundin nicht widersprechen, besonders, da wir uns jetzt ihrer Wohnung näherten. Hier war es nicht mehr schön. Die Häuser wurden wieder grau und schmutzig, die Mauern bröckelten ab, die Treppenhäuser waren schwarze Löcher und die Stiegen führten zu Türen, hinter denen man schon dumpfe, dunkle Räume ahnte.

Hier wohnte Angelika, ich war enttäuscht. Ihre Wohnung war nur ein Zimmer, häßlich und gar nicht aufgeräumt, in dem man auch kochen konnte.

Kleidungsstücke lagen überall herum. Die Möbelstücke waren reichlich mit Puder bestäubt, aber das kümmerte Angelika wenig. Sie zog sofort das Grammophon auf und begann zu tanzen, und zeigte mir auch die neuen Tanzschritte, die ich kennen müßte.

Die Wände des Zimmers waren ganz mit Photographien besät, verschiedene erkannte ich wieder, das waren Filmschauspieler, aber es gab auch eine Menge anderer. Ob Angelika so viele Bekannte hatte? Manche Bilder waren auch mit Widmungen versehen, wie »Angelika, dem Engelchen« oder »dem kleinen Teufel, fälschlich Angelika genannt«.

Dann begann Angelika mein Haar zu frisieren, sie schminkte und puderte mich und lieh mir ein Tanzkleid. Ich sah jetzt wirklich ganz anders aus. Angelika betrachtete mich prüfend und sagte dann anerkennend: »Lina, du bist wirklich ein recht hübsches Mädchen.« Das zu hören war sehr angenehm.

Tanzpalast Bosporus

Am nächsten Tag vormittags stellte ich mich dem Geschäftsführer vor. Er ließ mich einige Runden tanzen und erklärte dann, daß er bereit sei mich anzustellen. Ich bekomme täglich zwei Mark, Sonn- und Feiertag, wenn schon am Nachmittag getanzt wird, eine Mark extra. Ich war ganz zufrieden. Es war gar nicht übel, durch nichts als ein bißchen Tanzen Geld zu verdienen.

Am Vormittag sah der Tanzpalast aus wie eine riesige Scheune, es roch säuerlich, staubig und unausgelüftet. Bunte Pappfahnen, Bänder und Blumen durchzogen den ganzen Raum, aber sie machten ihn nicht lustiger.

Abends sah alles besser aus. Es war heiß, die Kapelle spielte, und viele Paare drehten sich im Kreis.

In den Pausen erklärte mir Angelika, wie ich mich zu verhalten habe: »Gib nur acht, daß du nicht einem Jungen in die Hände fällst, der die Mädchen als Milchkuh betrachtet; solche gibt es, dann bist du verloren und geliefert.« Angelika machte ein Gesicht, als sähe sie einen Abgrund, in den sie hinabstürzen könnte. Sie sprach weiter: »Du mußt die Männer ausnützen, sonst nützen sie dich aus, etwas anderes gibt es nicht.«

Was sie sagte, gefiel mir nicht besonders, auch verstand ich sie nicht ganz.

Die Musik begann wieder zu spielen, und wenn wir aufgefordert wurden, mußten wir tanzen, man durfte nie Müdigkeit vorschützen. Wir waren ja deshalb da. Nach einigen Stunden machte mir das Tanzen keinen Spaß mehr und später, als die Hitze im Saal unerträglich wurde und immer mehr Menschen sich drängten, wurde das ewige Sichdrehen im Kreis zur Qual. Nach einigen Tagen merkte ich dann erst recht, das alles was man für Geld tut, Arbeit ist. Sicher fühlen auch Bettler, daß sie gearbeitet haben. Wenn endlich das letzte Musikstück spielte, und man wußte, jetzt wird es aufhören mit dem ewigen Gedrehe, das war wie das Ende vom Tageswerk. Ach, ich fühlte, die zwei Mark, die hatte ich mir schwer verdient.

Die Jungens, mit denen wir tanzen mußten, waren eine tolle Gesellschaft. Nicht alle. Es gab auch einige, die Arbeit hatten und nur zum Sonntagsvergnügen den Tanzboden aufsuchten. Sie waren nicht stark bei Kasse, deshalb hatten sie auch kein Mädchen, mit dem sie ausgehen konnten. Sie sprachen nicht viel, bestellten uns eine Limonade. Sie erzählten manchmal von ihrem Leben, von der einförmigen Arbeit, dessen Lohn ihnen nur ein einförmiges graues Leben sicherte. Das Tanzen war für sie eine Ablenkung, eine kleine Abwechslung.

Ich begann es immer mehr zu hassen, denn die anderen Jungens, mit denen ich meist tanzen mußte, machten mir Angst.

Erst verstand ich sie kaum, alle ihre Redensarten waren für mich neu und klangen wie eine Geheimsprache. Arbeit hatten sie nur gelegentlich, viele von ihnen fanden überhaupt nie eine Arbeitsstelle. Aber etwas mußten sie doch tun, und essen mußten sie auch. Woher nahmen sie, was sie brauchten?

Einmal hörte ich zu, ohne zu begreifen. Sie sprachen davon, wie sie einen Mann immer um Geld erleichterten, weil er etwas mit ihnen getan hatte, das gegen das Gesetz war und wie sie ihn weiter schröpfen würden.

»Ja, Mädchen«, sagte ein großer Blonder, vor dem ich immer zusammenschauerte, wenn er nach mir griff, »wenn die Menschen kein Futter haben, werden sie wie die hungrigen Wölfe.«

»Und der Mensch braucht nicht Brot allein zum Leben«, sagte ein anderer, ein kleiner, gedrungener Dunkler. Ich glaube, der wäre vor nichts zurückgeschreckt, wenn er nicht aus noch ein wußte. Er befehligte eine ganze Reihe von Jungens, die bereit waren alles auszuführen, was er ihnen sagte.

Die meisten lachten mich aus und nannten mich das Unschuldslämmchen, weil ich auf ihre Reden nicht einzugehen wußte.

Angelika schien von allem nichts zu merken. Sie sah ganz so aus, als fühlte sie sich hier ganz wohl und zu Hause. Abends, in ihrem roten Tanzkleid sah sie noch hübscher aus. Sie lachte immer, wußte jedem schnell einen Antwort zu geben, und war die Begehrteste von allen Tänzerinnen. Der Geschäftsführer hatte sicher nur ihretwegen mit mir Geduld.

Noch am ersten Abend erschien im Tanzpalast der junge Mann, der Angelika vor dem Hutgeschäft angesprochen hatte. Ich erkannte ihn gleich wieder, aber Angelika wußte erst gar nicht, was mit ihm los war. Sie erinnerte sich an nichts mehr. Er war erst sehr beleidigt und wollte gleich davongehen. Besser wäre es schon gewesen, das sollten wir aber erst später erfahren.

Doch Angelika wollte immer von allen bewundert werden; sie lächelte ihn strahlend an, erklärte, daß sie nur aus Spaß so tat, als ob sie ihn nicht wiedererkannte, und fragte ihn, ob er den hübschen Hut mitgebracht hätte.

Er begann zu stottern, wurde verlegen, aber er blieb. Er lief den ganzen Abend hinter Angelika her. Sie zog ihn furchtbar auf, aber der Junge wollte davon nichts merken. Immerfort starrte er sie mit entzückten Augen an.

Sie sprach, so oft ich sie auch den Abend hörte, immer davon, wie sehr sie Menschen bewundere, die Geld haben, daß ein kluger Mensch unbedingt reich sein müsse, und daß sie nur einen Klugen lieben könnte.

Erst sagte der Junge nichts und drehte seinen Finger verlegen hin und her, plötzlich aber erklärte er entschlossen: »Ich bin einer, den du lieben könntest, ich bin reich, ich habe Geld.«

Alle lachten schrecklich über ihn, und ich war auch überzeugt, daß er nur groß tun wollte. Zwei Tage blieb er auch aus, aber am dritten tauchte er wieder auf, ganz verändert. Er war nagelneu eingekleidet, mit gelben Schuhen, die vor Neuheit knarrten, einen Melonenhut und einen Spazierstock, den er in seiner behandschuhten Hand hin und der schwenkte.

»Mensch, du siehst ja aus wie eine Schaufensterpuppe«, sagte Angelika anerkennend, »du hast wohl das große Los gewonnen.«

»Ich habe schon einmal gesagt, daß ich reich bin und mir manches bieten kann, wenn ich es nur will. Ein Mädchen, das nett zu mir ist, könnte es gut haben.«

Er hatte auch ein Paket in der Hand, dessen Inhalt er Angelika zeigte. Sie sprang ihn um den Hals und gab ihm einen Kuß.

Im Paket befand sich das Hütchen, das ihr so gut gefiel.

»Aber du mußt nun immer nett und lieb zu mir sein«, sagte er. Die neuen Kleider hatten ihm jede Schüchternheit genommen. Er bestellte eine Lage für alle, die um den Tisch saßen.

In den nächsten Tagen hatte Angelika immer neue Sachen, ein schönes Kleid, wie sie es sich immer gewünscht hatte, Schuhe, Parfüms, aber der junge Mann, der, weil er sich so freigiebig zeigte, den Spitznamen ›Herr Baron‹ erhielt, wurde unruhig. Er ging unrasiert umher, denn er wollte sich einen Bart wachsen lassen und einen Schnurrbart, um älter auszusehen, wie er sagte.

Als am Nebentisch einmal einige Herren zu unserem Tisch herübersahen, wurde er leichenblaß. »Merkt ihr, wie mir die Kerle nachlauern, sie verfolgen mich heute schon den ganzen Tag.«

Wir lachten alle laut. Wir dachten, er machte nur Theater. Aber bald wollte er überhaupt nicht mehr ausgehen, er wollte warten, bis sein Bart gewachsen war, jeden Schritt, der hinter ihm verhallte, fürchtete er, jeden Blick, der ihn traf. Wenn wir im Tanzsaal ausgelassen waren und auch er herumtollte, konnte er plötzlich nach einer Ecke starren und flüstern: »Dort sind wieder die Männer, die mir überall auflauern.«

»Der Bengel ist nicht richtig im Kopfe«, sagte Angelika öfter, aber sie sah ihm seine Verrücktheit nach, weil sie ihr dazu verhalf, wonach sie sich immer gesehnt hatte. Sie hatte nun schöne Kleider. Würde sie nun auch den reichen Mann finden?

Eines Abends, ich glaube nicht, daß ich diese Nacht je vergessen werde, saßen wir wieder mit dem »Herrn Baron« im Tanzsaal. Der »Herr Baron« bestellte gerade lärmend eine Lage, er war schon etwas angetrunken, als zwei Männer auf ihn zutraten und die Hände auf seine Schultern legten.

»Na, Jungchen, es ist wohl leicht, mit Geld um sich zu werfen, wenn man nicht ganz rechtmäßig in seinen Besitz gekommen ist.«

Er wollte sich losreißen, aber die fremden Hände umklammerten ihn, als wären sie Schrauben.

Angelika, die gleich Schlechtes ahnte, lief dem Ausgang zu und warnte mich auch flüsternd: »Machen wir uns aus dem Staub.« Wir versuchten unauffällig hinauszukommen, aber bald merkten wir, daß der ganze Saal umstellt war. Jetzt liefen auch die anderen durcheinander, fluchten und schrien.

»So eine Schweinerei.«

»Die Polente.«

»Zum Teufel, das ist eine Razzia.«

Ich wußte nicht, was geschehen war. Warum wollten sie uns alle verhaften? Ich habe doch nichts getan. Und was war mit dem »Herrn Baron«?

Ich wurde von Angelika fortgerissen und irrte nun allein durch die aufgescheuchte Menge. Wenn ich nur draußen wäre. Einige Jungs schlugen die Fenster ein und wollten hinausspringen, Polizeiarme griffen nach ihnen.

»Aha, da weiß man, wo man den guten Fang findet. Wer flieht verrät sich am schnellsten.« Ich habe nichts verbrochen, aber heraus wollte ich doch. Warum wollten sie mich fangen? Sicher, weil sie etwas gegen mich vorhatten. Könnte ich doch den Ausgang erreichen und unbemerkt hinausschlüpfen. Aber es mißlang.

Vor dem Ausgang stand ein Polizist und hielt mich auf.

»Nur nicht so eilig, Kleine, draußen warten schon die Limousinen, die euch an eueren Bestimmungsort bringen.«

Wozu brauchte er zu lachen? Das war noch nichts Lächerliches, daß man uns so hetzte. Wie Ungeziefer, das vor einer riesigen Hand, die es zu zerdrücken droht, flüchte, so liefen wir durcheinander. Die mächtigen Tatzen der Polizei haben sich nach uns ausgestreckt. Wir kratzten und bissen, aber es half nichts, eine Befreiung war unmöglich. Wir wurden in riesige Wagen verladen. Jetzt, wo wir zur

Ablieferung bereitstanden, schlug die Stimmung um. Faule Witze wurden gerissen, man lachte, johlte und sang. Vielleicht war das, was uns bevorstand, gar nicht so schlimm. Wo war Angelika? Vielleicht konnte sie mir sagen, wie ich mich verhalten sollte. Aber ich sah sie erst wieder auf dem Pflegeamt.

Das Pflegeamt

Auf der Polizei erfuhren wir, daß der »Herr Baron« ein Lehrling war, der einen größeren Betrag unterschlug, als er ihn auf der Post aufgeben sollte. Dann verschwand er spurlos, aber doch nicht so, daß man diese Spur nicht bald gefunden hätte. Er war also gar nicht so verrückt, als er sich immer verfolgt glaubte. Als man sich genau den Tanzpalast ansah, fand man, daß eine Durchkämmung ganz nützlich sein könnte, so sagten sie »Durchkämmung«. Wir waren für sie wirklich nur Ungeziefer.

Auf der Polizei fragten sie mich nach dem »Herrn Baron«. Aber ich hatte ja mit ihm nichts zu tun. Einmal hat er mir eine Limonade gezahlt und zweimal je ein Glas Bier. Ich glaubte, daß sie mich jetzt, wo sie alles wußten, freiließen. Aber sie dachten nicht daran. Aber im Gegenteil, die Fragerei begann nach meinem Alter, was ich in Berlin machte, und wovon ich lebte? Von dem Tanzgeld? Und warum wollten sie das so genau wissen? Hat man je daran gedacht, mir Arbeit zu geben? Hat man mich gefragt, ob ich Hunger hatte? Was ich in der Zukunft machen sollte? Nein, man hat mich nicht gefragt. Jetzt aber taten sie so, als wäre ich ein Verbrecher. Ob ich nicht gewußt hätte, einen wie schlechten Ruf der Tanzpalast hat? Ich wußte nur, daß ich dort Geld verdienen könnte. Nicht zu verhungern, war wichtiger, als mir darüber den Kopf zu zerbrechen.

Konnte ich jetzt nicht gehen, war ich noch nicht frei? Man sagte mir, ich sei noch zu jung, man müßte meine

Angaben nachprüfen und ich würde schon erfahren, was später mit mir geschieht.

Jetzt begann ich erst richtig Angst zu bekommen. Alle sagten mir, auf dem Pflegeamt wird es erst entschieden, was mit mir weiter wird.

»Wenn man aufs Pflegeamt kommt, ist man geliefert«, sagten einige Tanzmädchen, die sich vor Eingebildetheit gar nicht fassen konnten, weil sie älter waren, polizeilich gemeldet und so nicht mit mußten.

»Aber was geschieht denn mit mir, ich habe doch gar nichts getan, man kann mich doch nicht strafen.«

Jetzt hörte ich nichts weiter als dieses Wort: Fürsorge. Nein, das durfte nicht geschehen, davon habe ich schon beim Tanzen gehört. Die Fürsorge ist schlimmer als Gefängnis, lieber verknaxt auf ein paar Monate als in die Fürsorge. die wußten doch, was sie sagten. Unter ihnen waren genug Ehemalige, so nannten sie sich. Dort wird man erst richtig schlecht, sagten sie. Ich wollte nicht schlecht werden und mich quälen lassen.

Ich heulte und wehrte mich, als man mich hinüberbrachte, aber ich merkte bald, daß das gar nichts half. Ich war schwach, aber was hätte es auch genutzt stark zu sein ich wäre doch ein Nichts geblieben, das keinen Willen haben kann.

Ob man von hier fortkommen kann? Meine Augen untersuchten die Türen und Klinken.

Ein Mädchen, das schon einmal hier war und meine Gedanken erriet, beruhigte mich: »Laß den Kopf nicht hängen. Du kannst auch als frei von hier wegkommen, vielleicht wirst du nur nach Hause gebracht.«

Nach Hause. Das Zuhause schien mir jetzt so weit, als wären schon Jahre vergangen, seitdem ich fort war. Würden sie mich überhaupt noch aufnehmen wollen? Ich wollte nicht mehr denken, nicht weitergrübeln. Jetzt merkte ich, wie müde ich war, ich wollte schlafen.

Aber das ging nicht so leicht und einfach. Ich wurde in den Schlafsaal gebracht, die Wärterin nahm mein Kleid und sagte mir, sie müsse es verschließen, ich bekäme einen Kittel hierfür.

»Ach, einen Kittel, wie im Gefängnis, damit man nicht heraus kann«, ich begann wieder zu weinen.

»Du mußt jetzt Ruhe halten, sonst weckst du die anderen«, sagte die Wärterin in strengem Ton.

Aber die Mädchen im Schlafsaal waren schon wach und blinzelten nach mir. So still waren sie sicher nur wegen der Wärterin. Im Saal brannte rötliches stumpfes Licht, das auch dann nicht erlosch, als die Pflegerin hinausging und im Vorraum Platz nahm.

Nach einigen Minuten begann es in den Betten um mich herum zu wispern: »Hat dich die Polente aufgegriffen?«

»War wieder eine Razzia? Bist du eine von denen?«

»Heule nicht, mache dir nichts daraus.«

»Ruhe dort, man kann ja nicht schlafen.«

»Das ist die olle Meckerziege, die möchte nichts wie pennen, die freut sich, daß sie in einem Bett schlafen darf, das städtisches Eigentum ist.«

»Die hätte sonst nur auf einer Bank im Tiergarten Platz gefunden.«

»Ihr frechen Göhren, euch werde ich es schon zeigen.« Ein Kopf tauchte auf, von struwweligen weißen Haaren umweht, die Haut pergamenten, eine große Nase ragte aus den Decken und warf scharfe Schatten auf den eingefallenen Mund. Sie sah aus wie eine Hexe aus dem Märchen, die Kindern Schrecken einjagen soll.

»Wie kommt denn diese alte Frau hierher?«

»Sie hat keine Bleibe und belästigt die Männer.«

»Was sagst du da, freches Gör? Belästigt Männer? Wenn ich meine rote Perücke anhabe, laufen sie mir nach, dann nehme ich es noch mit Euch allen auf.«

Der ganze Saal kicherte, auch ich mußte lachen. Es war etwas Schaurig-Komisches, diese alte Frau, die hier war, wegen unsittlichem Lebenswandel.

»Was wird mit ihr geschehen?«

»Das soll meine größte Sorge sein, laß mich jetzt schlafen.«

Aber das rötliche Licht, das nie ausging, störte mich. Auch der Gedanke, eine Gefangene zu sein. Die Tür hatte keine Klinke, sie war von innen nicht zu öffnen. Hinter dem Schiebefenster saß die Wärterin und wachte darüber, daß keiner den Versuch machte zu entkommen. Vor ihr steht das Telefon und eine Alarmglocke. Es hat keinen Sinn, darüber nachzudenken, wie man fliehen könnte.

Neben mir atmet meine Nachbarin, die bisher kein Wort gesprochen hatte. Ihre dunklen krausen Haare lagen wirr auf dem Kissen, ihre Haut war tiefbraun, und die Zähne leuchteten weiß zwischen den breiten roten Lippen. Sie sah ganz anders aus als alle anderen, wie ein großer, fremder Vogel zwischen vielen Spatzen. War es eine Negerin? In den nächsten Tagen hatte sie mir selbst ihre Geschichte erzählt. Sie hieß Greta Meyer, war nie weg aus Deutschland, hatte bis vor kurzem in einer kleinen märkischen Stadt gelebt. Sie sprach deutsch, genau wie wir anderen. Aber sie war doch eine Negerin, obgleich sie es kaum wußte. Sie hätte es selbst nie gewußt, daß sie anders ist, als die Menschen in ihrer Umgebung, wenn man sie nicht immer gehänselt und gequält hätte. Sie kannte ihre Mutter nicht. Sie wußte nur, daß ihr Vater sie nach Deutschland gebracht hatte und sie selbst hier geboren war. Ihr Vater hatte ein kleine Gärtnerei. Als sie schon halbwüchsig war, heiratete ihr Vater wieder, da wurde ihr Leben zur Hölle. Die Stiefmutter nannte sie ein Ungeheuer, ein wildes Halbtier, sie weinte über die Schande, von so einer Schwarzen Mutter genannt zu werden. Sie zog ihr krauses Haar, als wollte sie es ausreißen, scheuerte ihre dunkle Haut, als wollte sie sie ihr abreiben. Eines Tages nahm sie der Vater, dem die Stiefmutter den ganzen Tag in den Ohren lag über die kleine Teufelin, und brachte sie nach Berlin. Er brachte sie in ein Café und sagte ihr, sie solle auf ihn warten, aber er kam nicht wieder. Da war sie nun in Berlin mit ein paar Mark und wußte nicht wohin. Viel Männer sprachen sie an, man fand sie eigenartig und interessant.

»Die Männer sind verrückt und komisch«, sagte sie und zeigte lachend ihr weißes Gebiß, »sie wollen immer, ich soll ihnen über Afrika erzählen, über die Neger, über Löwen und Elefanten. Wenn ich ihnen dann über die Gärtnerei in der Mark erzählte, waren sie enttäuscht. Dann sah ich einen Film über Afrika. Wenn sie mich allzu sehr quälten mit ihrer dummen Fragerei, erzählte ich ihnen nun alles, was ich dort gesehen habe. Von den Zebras und den Jagden und den Kriegstänzen, dann waren sie sehr zufrieden und gaben mir Geld, viel mehr Geld als dann, wenn ich von der Gärtnerei sprach, und quatschten los: bei dir fühlt man die Wildnis, die Urnatur und ähnliches. Ich könnte viel Geld haben, wenn mich die Polizei in Ruhe ließe, aber sie fangen mich immer wieder ein, ich falle zu leicht auf.«

»Was wollen sie denn von dir?«

»Sie wollen mich unbedingt auf den guten Weg bringen, obgleich sie merken könnten, daß das nicht geht. Es liegt nicht an mir, daß ich nicht arbeite, ich würde es lieber, als mich mit den verrückten Männern abzugeben. Aber immer wieder stoßen sie sich an meinem Äußeren und dann hat es keinen Sinn, bleiben zu wollen. Einmal haben sie vom Pflegeamt aus mir eine Arbeit in einem Milchgeschäft verschafft. Ich mußte von früh morgens bis spät abends im Laden sein. Ich habe alles getan, was man mir gesagt hat. Nach ein paar Tagen erklärte mir die Frau, ihre Kundschaft fände mein Aussehen nicht appetitlich, ich hätte zu krause Haare und zu dunkle Haut. Was sie jetzt wieder mit mir anfangen werden, weiß ich nicht.«

In dieser ersten Nacht aber wußte ich noch nichts von ihr. Ich starrte sie nur an, wahrscheinlich schlief ich dann ein, denn plötzlich schreckte ich auf, wieder betrat jemand den Raum.

Diese Nacht sollten wir wenig Schlaf finden. Die Neueintretende bot einen merkwürdigen Anblick. Sie war pitschnaß, Wasser tröpfelte aus ihren Kleidern und Haaren und während die Wärterin sie zu entkleiden versuchte, schrie aus vollem Halse und schlug mit den Armen verzweifelt um sich.

»Lassen Sie mich. Warum hat man mich herausgefischt, warum haben Sie mich nicht sterben lassen? Wie ich lebe, darum hat sich keiner gekümmert, aber jetzt wo ich genug habe, kommen Sie und tun, als würden Sie mich retten. In Wirklichkeit quälen Sie mich nur weiter. Lassen Sie mich sofort los, ich will mit allen nichts mehr zu tun haben.«

»Ruhe! Wir wollen endlich Ruhe haben«, ertönte es von allen Seiten.

»Schon wieder eine Selbstmörderin, jede Nacht wird man gestört.«

Neben mir war ein Bett leer, hier sollte die Selbstmörderin schlafen. Die Wärterin trug mir auf, ein Auge auf sie zu behalten, sie dürfte jetzt nicht allein bleiben, vor allem mußten wir darauf achten, daß sie nicht in die Nähe der Fenster käme. Die Selbstmörderin trommelte mit den Fäusten gegen die Bettpfosten.

Um sie herum begann es wieder zu flüstern. Die Neugierde unterdrückte die Schlaflust.

»Was ist denn los mit dir?«

»Unglückliche Liebe? Wenn du wegen eines Mannsbild so etwas tust, bist du eine dumme Pute.«

»Wahrscheinlich hatte sie keinen Kies. Nicht jeder hat die Kraft Kohldampf zu schieben.«

»Sie kann doch auf die Straße gehen, sie ist ein ganz hübsches Mädchen und jung.«

»Dann wäre sie auch hier gelandet.«

»Aber sie brauchte kein kaltes Bad zu nehmen.«

»Selbstmordversuch wird nicht bestraft.«

»Siehst du, aber wenn du auf die Straße gehst, holt dich die Polizei.«

Die Selbstmörderin verstopfte sich mit den Fingern die Ohren, sie wollte nichts hören. Ich ging zu ihrem Bett und versuchte sie zu beruhigen. Die Wärterin hatte mir ja aufgetragen, auf sie achtzugeben. Vielleicht aber lag mir nicht so sehr daran, sie zu trösten, als zu erfahren, was sie dazu getrieben hat, allem ein Ende zu machen.

»Genügt es nicht, zu erkennen, daß sich das Ganze nicht lohnt? Wozu hungern, sich quälen. Wozu der Kampf um ein Stückchen Brot, um ein bißchen Liebe? Es lohnt nicht und man könnte so leicht Ruhe haben. Die können mich hier behalten, so lange sie wollen, ich werde doch noch einmal allem ein Ende machen, ich habe genug, genug.«

Hatte sie recht? War mein Leben besser als das ihre? Man brauchte gar nicht Angst zu haben vor allem, was noch kommt, man könnte Schluß machen.

Nein. Das Leben muß doch einen Sinn haben, man muß versuchen ihn zu erkennen. Ich wollte nicht mehr auf diese Verzweifelte hören, ich wollte schlafen, nichts mehr hören.

Am nächsten Morgen mußten wir zu der Ärztin zur Untersuchung.

Jetzt erst begann ein richtiges Gejohle.

»Brauchen wir uns gar nicht gefallen zu lassen.«

»Solche Gesetze gibt's ja gar nicht mehr.«

»Wir sind ja keine Kontrollmädchen.«

»Sowas gibt's ja gar nicht in der Republike.«

»Auf dem Papier nicht.«

»Auf dem Papier gibt's vieles nicht, was es in der Wirklichkeit gibt.«

»Die feinen Herren, die in den Nachtlokalen große Zechen zahlen, die brauchen hier bestimmt nicht aufzumarschieren.«

»Unter denen gibt's nur Gesunde.«

Von allen Seiten ertönte lautes Lachen, aber plötzlich wurde dieses Lachen von Schreien übertönt, von solchen Schreien, daß es mir kalt über den Rücken lief. Diese Stimme kannte ich doch, das war Angelika.

Jetzt stürmte sie aus dem Zimmer der Ärztin, sie rannte zu der Tür des Vorraumes, und da sie ihr verschlossen blieb, begann sie mit den Fäusten an ihr herumzuhämmern.

»Ich will von hier fort, ich will frei sein. Diese Frauen da wollen mich unglücklich machen, sie sind neidisch auf mich, weil ich jung bin, und weil sie alt sind. Ich bin nicht krank, das ist eine Lüge. Das ist gar keine Ärztin, sie hat nur einen weißen Kittel angezogen und will uns alle unglücklich machen. Steht nicht alle so dumm herum. Wenn wir wollen, können wir diese Tür einschlagen und wir sind frei.«

Eine Aufsichtsdame kam auf Angelika zu: »Jetzt sei mal ruhig, mit dem Schreien verschlechterst du nur deine Lage, sei froh, daß man dich ausheilen will.«

»Das ist eine gemeine Lüge, daß ich krank bin.«

Ich erkannte Angelika kaum wieder, ihr Gesicht, das früher das Lachen kaum verließ, war jetzt verzerrt und von Tränen aufgedunsen. Sie erblickte mich erst jetzt, sie lief auf mich zu: »Lina, siehst du, was sie mit mir hier tun! Sie wollen mich unglücklich machen, sie werden mich in ein Krankenhaus verschleppen und dann wollen sie mich in die Fürsorge tun. Lina, höre, du mußt mich retten, du mußt mich befreien.«

Um sie zu beruhigen versprach ich ihr alles, was sie verlangte, ich würde sie befreien, sie könne darauf rechnen. Sah sie denn nicht, daß meine Lage auch nicht besser war.

Um sie zu beruhigen, versprach ich, ihr helfen zu können. Ich wußte ja selbst nicht, was mit mir geschehen würde. Wollten sie mich auch in die Fürsorge tun?

Man sprach über mich und mein Schicksal noch, als Angelika schon längst ins Krankenhaus eingeliefert wurde. Die Ärztin und die Leiterin stellten an mich eine Menge dummer Fragen, nur um zu sehen, wie meine Intelligenz war. Ich war nicht so dumm, wie sie dachten, ich wußte schon ganz genau, was mit mir los war, vielleicht wußten sie es selbst. Sie taten nur so, als gehörten dazu weiß Gott was für großartige Prüfungen und Untersuchungen.

»Der Kern dieses Kindes ist gesund«, hörte ich sie sagen, »leider scheinen die häuslichen Verhältnisse sehr ungünstig zu sein.« Dann studierten sie wieder ihre Akten.

»Sechs Personen in einer Zimmerküche. Die ganze Familie lebt nur von der Krise, der Mann ist längst ausgesteuert, haben kaum zu essen.«

Sie sprachen über mein Zuhause, über meine Familie.

»Trotzdem wäre es vielleicht das Beste, das Kind wieder zu seinen Eltern bringen zu lassen.« Sie berieten.

»Wir werden deinen Eltern telegrafieren, daß sie das Geld für die Heimreise und eine Begleitperson schicken.«

»Für eine Begleitperson? Sie werden auch für mich allein das Geld nicht aufbringen.«

»Wenn du uns versprichst, bestimmt nach Hause zu gehen, lassen wir dich auch allein fahren.«

»Aber ich weiß bestimmt, meine Eltern können nie das Geld für die Heimreise schicken. Sie wissen nicht, wie es bei uns zu Hause zugeht. Sie wissen nicht, wie viel Geld eine Mark für uns ist. Zehn Pfennige weniger, und die ganze Haushaltung meiner Mutter ist durcheinander. Wir haben ja ohnehin für das Notwendigste nicht das Geld. Die Heimreise, das wäre ein großer Teil ihres ganzen Wocheneinkommens, und wenn sie es mir schicken, haben sie nur noch einen Esser mehr zu Haus, nichts weiter. Arbeit kann ich zu Hause doch nicht bekommen.«

»Ja, wir wissen, wie schwer es ist, wir wollen unser Bestes tun, aber die Wohlfahrt ermöglicht uns nicht mehr, auch nur eine Straßenbahnfahrt zu bezahlen. Wir sind gezwungen, nach den Vorschriften zu handeln.«

Wie sinnlos das alles war. Wozu haben sie uns dann nicht in Ruhe gelassen? Helfen können sie ja doch nicht, dann schaden sie nur.

Nach zwei Tagen wurde ich zu der Leiterin gerufen. Sie zeigte mir den Brief meiner Mutter: sie wollte, daß ich nach Haus komme. Sie war mir nicht mehr böse, aber Geld hatte sie nicht, das war unmöglich von irgend jemand es sich zu borgen. Jeder wußte, wie sie sich standen. Aber sie bat die Damen, die ihr geschrieben haben, möchten mir das Geld leihen, ich würde es abarbeiten können, weil ich noch jung bin.

»Es ist schlimm, wir können es nicht geben, dann müßten wir jeden Tag Hunderten Geld leihen, so gern wir es auch täten, es geht nicht. Aber es ist vielleicht auch besser für dich, wenn du etwas Vernünftiges noch lernst.«

Ich wußte, was das zu bedeuten hatte, sie wollten mich in die Fürsorge tun. So konnten sie mich am bequemsten los werden.

»Ich brauche nichts zu lernen, wo es gar keinen Sinn hat. Drei Jahre lang war ich in der Lehre und als es soweit war, daß ich hätte verdienen sollen, wollte man mich wegschicken, das ist überall so. Es hat gar keinen Zweck mit dem Lernen. In der Fürsorge, da lernt man auch nichts Gutes, nur Schlechtes, soviel weiß ich schon. Wenn Sie mich in ein Fürsorgeheim tun, werde ich davonlaufen, lassen sie mich doch gleich frei.«

»Wein doch nicht.« Sie streichelten mich, »du wirst schon sehen, es ist das Beste für dich, wir meinen es gut mit dir.«

Sie wußten selbst, die Fürsorge war nicht gut für mich, aber sie kümmerten sich nur um die Vorschriften. Was ging das sie an, wie es uns dabei erging. Ich wollte nicht in die Fürsorge.

Ich schrie und weinte wie die anderen, wenn sie es erfuhren, aber es half mir ebenso wenig wie ihnen.

Im Fürsorgeheim

Das war wieder ein Gefängnis. Ich wußte es sofort, trotzdem die Fürsorgeleiterin mir zu erklären versuchte, daß man mich nur in meinem Interesse hierher gebracht hätte. Aber ich weinte.

»Du wirst dich schon gewöhnen«, sagte sie mir.

»Ich habe nichts getan und doch bestraft man mich.«

»Du sollst hier arbeiten lernen, dann hast du es draußen leichter und kommst nicht wieder in schlechte Gesellschaft.«

»Ich war immer bereit zu arbeiten, man hat mir aber keine Arbeit gegeben. Wozu soll ich noch lernen?«

»Du wirst hier Disziplin lernen, das wird dir gut tun, du wirst gesunden.«

»Gesunden? Hier werde ich nur verdorben.«

»Genug, du bist ein verstocktes Kind.«

Waren wir noch Kinder? Ja, aber man halste uns die ganze Verantwortung für alles auf, was mit uns geschah. Ich sah mich nach meinen neuen Kameradinnen um. Die meisten hatten ein gedrücktes Wesen und einen abgestumpften Ausdruck. Sie kümmerten sich kaum um die Neue, oder vielleicht bewirkte die Aufsicht ihre Stummheit und Gleichgültigkeit.

Hier schien es strenger zuzugehen als im Pflegeamt, man durfte während der Arbeit nicht miteinander sprechen. Einige Mädchen, die auch Schlüssel besaßen, schienen bevorzugte zu sein und vor ihnen hatten die anderen noch größere Angst als vor den Fürsorgeschwestern. Eines dieser Mädchen zeigte mir mein Bett in einem der Schlafsäle, und einen Blechschrank, den man aber nicht verschließen durfte.

»Hier gibt es keine Geheimnisse, verstehst du?«

Ich mochte dieses Mädchen nicht.

»Hier darfst du nicht rauchen oder Briefe schreiben und versuchen sie hinauszuschmuggeln, verstehst du? Hast du vielleicht Geld? Dann läßt sich's machen, aber darauf verstehen sich nur die Alten.«

»Ich habe kein Geld, man hat mich doch untersucht und mir alles, was ich hatte, abgenommen.«

»Ach, du bist so ne Doofe, die nicht mal weiß, wie man das anstellt, Sachen herein zu schmuggeln. Wir dachten, du hast wenigstens Zigaretten.«

Daß ich doof bin, bekam ich noch öfter zu hören, aber ich begriff dann bald, daß es notwendig war, schlau zu sein, um ein erträgliches Leben zu haben.

Man mußte immer so tun, als gehorchte man, während man kleine Tricks erfand, um die Vorschriften hintergehen zu können. Die Hauptsache war, man wurde dabei nicht ertappt.

Scheinheiligkeit und Lüge waren die sichersten Wege zur Erlangung der Schlüssel. Einmal die Schlüssel zu bekommen, war der Traum der meisten Mädchen. Wenn man die hatte, hatte man Macht, dann fühlte man auch nicht mehr, daß die Türen keine Klinken hatten.

Ich aber hatte von Anfang an keinen anderen Gedanken als den: wie könnte ich fliehen?

Das Haus lag mitten in einem großen Garten, der ganz verwildert aussah, obgleich wir hauptsächlich mit Gartenarbeit beschäftigt waren. Keine nahm die Arbeit ernst, im Gegenteil. Jeder machte es besondere Freude, sobald sie sich unbeaufsichtigt fühlte, das, was sie gerade ausgeführt haben, wieder zu zerstören.

Ein tiefer Graben, ganz von Unkraut überwuchert, umlief den Garten. Sehr hohe Stacheldrähte trennten uns von der Landstraße. Nur an einer Stelle waren Eisengitterstäbe, die aber auch sehr eng nebeneinander standen und kaum die Möglichkeit gaben, einen noch so dünnen Körper durchschlüpfen zulassen.

Während wir jäteten und gruben, überlegte ich mir doch nichts anderes, als wie ich eine Möglichkeit finden könnte zur Flucht.

Wir sahen die Autos, die Motor- und Fahrräder vorbeiflitzen, manchmal blieben Menschen stehen, um uns anzusehen. Sie riefen uns auch öfters etwas zu, aber wenn wir versuchten zu antworten, stand schon eine Fürsorgeschwester vor uns, und wir konnten damit rechnen, bestraft zu werden.

Sonntags erschienen auch Freunde einiger Mädchen, die beharrlich das Haus umkreisten; aber es nützte ihnen nicht viel, sie wurden nicht hereingelassen, wenn sie auch noch so oft die Klingel in Bewegung setzten. Höchstens konnten Versuche gemacht werden, Briefe herauszuschmuggeln und einige Worte zu wechseln.

Trotzdem dachte ich, wenn mich jemand besuchen käme, würde ich schon einen Weg finden, mich aus dem Staub zu machen. Aber niemand kam, ich konnte auf niemanden rechnen, nur auf die eigene Ausdauer. Die Fenster unserer Schlafsäle waren dicht vergittert, niemand konnte nachts den Raum verlassen. Im Schlafsaal war auch Sprechverbot, gerade deshalb wurde soviel geflüstert und erzählt.

Immer wieder sprachen wir davon, was wir tun würden, wenn wir wieder frei sein könnten. Die Hauptsache war: wir wollten essen.

Die dünnen Suppen, die Margarinestullen, die reichten nicht für uns junge Menschen im Wachsen. Nachts meldete sich der Hunger und ließ uns nicht schlafen.

Aber in Worten feierten wir wahre Eßorgien.

»Wenn ich herauskäme, würde ich sofort einen Mann ansprechen, dem man ansieht, daß er Kies in der Tasche hat; dem würde ich ja alles versprechen, alle Schweinereien, die die Herren, die Geld haben, verlangen. Aber erst müßte er mich ausführen zum Essen, ich würde eine ganze Gans essen und eine Torte.«

»Mensch, dir würde ja sauelend zumute. Mit so zusammengeschrumpften Magen könntest du gar nicht so viel fressen.«

»Nicht? Ich könnte ein ganzes Spanferkel allein aufessen.«

»Ich ein ganzes Kalb.«

»Ich würde zu Wertheim gehen und einen Schinken beiseite schaffen und Würste und Sardinen und Käse.«

»Ist das alles? Die würden dich ja sicher wieder sofort festnehmen, bist ja eine viel zu ungeschickte Diebin.«

Ella konnte durch nichts in größere Wut gebracht werden, als wenn man ihre Fähigkeit als Warenhausdiebin bezweifelte. Sie war fünfzehn Jahre alt und wurde zusammen mit ihrer Mutter bei Warenhausdiebereien festgenommen. Die Mutter kam ins Kittchen, sie in die Fürsorgeanstalt. Sie wollte uns immer zeigen, wie man Sachen unbemerkt beiseite schaffen kann. Sie fand, daß eine große Ungerechtigkeit mit ihr geschehen war. Ihr Vater war gestorben und ihre Mutter ohne Arbeit. Was hätten sie sonst tun können, als stehlen? Als Rache wollte sie uns alle zu perfekten Diebinnen ausbilden, die dann später alle Warenhäuser unbemerkt ausplündern sollten. Sie ärgerte sich, daß wir über ihre Pläne nur lachten.

Das Mädchen, das die ganze Gans essen wollte und die Torte, hielt immer die unflätigsten Reden. Sie hatte eine schreckliche Vergangenheit und tischte uns alle Einzelheiten aus ihr vor. Ihr Vater hatte sich an ihr vergangen, ihre Mutter wußte davon; sie lebten in schrecklichem Elend.

Lisa ging dann auf die Straße. In ihrem Prozeß gegen den Vater wurde alles wieder aufgerollt, unzählige Fragen wurden an sie gerichtet. Sie erzählte sie uns.

Als Lisa merkte, daß wir sie nicht hören wollten, erzählte sie mit um so größerer Freude.

»Wenn ich wieder draußen bin, will ich nicht nur essen, sondern auch Männer haben. Was meint ihr dazu?«

Die meisten meinten, sie habe recht, es wäre Blödsinn, wie man uns jetzt zu leben zwingt. Aber wir würden schon alles nachholen.

Eine heulte nächtelang, sie nahm an unseren Gesprächen kaum teil. Das war Rosa, eine Siebzehnjährige, sie hatte schon Zwillinge. Die Fürsorge hatte sie ihr genommen, sie durfte nicht wissen, wo sie sind, weil sie mit Männern ging. Sie suchte die Kinder in allen Anstalten, aber sie konnte sie nicht finden. Erst dachte sie von jedem Kind, es sei ihr eigenes, sie wollte sie wieder haben, sie schrie, randalierte. Sie drohte und schrie furchtbare Verwünschungen aus, bis sie zur Fürsorgerziehung verurteilt wurde.

Auch sie sprach immer von Flucht. Aber wenn man ihr etwas ernstlich vorschlug, begann sie zu weinen und erzählte von ihren Kindern. Man konnte sie nicht zwingen, nun ernstlich an einen Plan zu denken.

Ich beschloß allein zu flüchten. Aber wie? Nachts war es unmöglich aus dem Zimmer zu kommen, tagsüber aber unbemerkt über die Stacheldrähte zu klettern, war ganz und gar undenkbar. Ich überlegte, daß es nur eine Möglichkeit gab. Ich mußte mich im Garten verstecken und nachts versuchen, herauszukommen. Das war gar nicht so einfach, ich mußte Vorbereitungen treffen, die niemandem auffallen durften. Ich suchte eine schadhafte Stelle am Eisengitter und begann sie vorsichtig zu vergrößern, ohne daß dies auffällt. Wie aber konnte ich nachts im Garten bleiben? Der Graben fiel mir ein. Wenn ich noch Laub dahinschaffte, war es ganz gut möglich, sich so zu verstecken, daß kein Mensch daran dachte, dort zu suchen. An einem Abend, als uns die Klingel in das Haus rief, sprang ich, als mich niemand sah, hinab, deckte mich ganz mit grünen Zweigen zu und blieb da unbeweglich mit zurückgehaltenen Atem liegen.

Wenn sie beim Abendessen merken, daß ich nicht da bin, werden sie sicher denken, ich bin schon geflohen. Sie werden mich draußen suchen und nicht im Garten. Wenn sie mich aber finden, erkläre ich einfach, daß mir schlecht wurde, und ich in den Graben gefallen bin in einem Anfall.

Wirklich hörte ich schon nach kurzer Zeit, wie sie mich riefen. Ich blieb mäuschenstill. Nur mich jetzt nicht verraten.

Da vernahm ich die Stimmen der Fürsorgeschwestern, sie sagten, wahrscheinlich wäre ich schon herausgeschlüpft.

»Wenn sie Helfershelfer hat, ist nicht mehr viel zu machen, dann hat man sie sicher im Auto abgeholt und weiß Gott wo sie jetzt schon ist.«

»Aber vielleicht ist sie ohne Hilfe durchgegangen, dann könnte sie man leicht einholen. Sie hat ja kein Geld.«

»Vielleicht hat sie sich welches verschafft, diese Mädchen sind ja unglaublich durchtrieben.«

»Wir müssen auf alle Fälle die Polizei verständigen, die kann auf ihren Fahrrädern die Umgebung ein bißchen durchsuchen.«

»Man hat nichts als Scherereien.«

Im Garten suchten sie kaum, sie dachten wahrscheinlich gar nicht daran, das ich noch ganz in der Nähe war und so leicht zu fassen. Dieser Gedanke war so komisch, daß ich mich zusammennehmen mußte, um nicht laut zu lachen. Aber ich nahm mich zusammen.

Eine Weile hörte ich noch ihr Kommen und Gehen. Dann aber wurde es still. Die Dunkelheit kam; die Zeit schlich jetzt unendlich langsam dahin. Aber ich mußte noch warten, Geduld haben, nicht alles verderben.

Im Hause erstarben die Lichter, immer seltener fuhren die Autos, der Lärm der Landstraße verstummte ganz.

Jetzt traute ich mich erst heraus: ganz leise und vorsichtig kletterte ich über den Graben. Ich kümmerte mich nicht um die Risse, die die Äste immer wieder in meine Haut schlugen. Ich ereichte das Gitter. Mein Körper war geschmeidig, ich konnte mich zwischen die Stäbe hindurchwinden. Niemand war in der Nähe, niemand hatte mich gesehen, ich zwang mich mit ruhigen Schritten zu gehen, ich lief nicht, ich wollte nicht auffallen. So erreichte ich den Wald. Dort blieb ich, bis es zu dämmern begann. Auf Umwegen schritt ich in Richtung Berlin, ich mußte zu Fuß hinkommen, ich hatte kein Fahrgeld.

Endlich war ich wieder in der Stadt. Jetzt wußte ich, ich war gerettet, ich war ein Sandkorn in einer riesigen Wüste, niemand konnte mich mehr finden.

Ich ging zu einem Freund Angelikas, von dem ich wußte, daß er einen Schlüssel zu ihrer Wohnung hatte. Die war auch auf seinen Namen gemeldet. Wie gut, daß wir diese Adresse nicht verraten haben. Angelika hat sicher nichts gesagt, wollte ja nicht ihre schönen neuen Sachen verlieren, und ich habe auch geschwiegen. Wir waren polizeilich nicht gemeldet, und die bei der Fürsorge mußten doch nicht alles über uns wissen. Wenn sie so neugierig waren, wo wir wohnten, sollten sie das selbst herausfinden.

Aber ich fühlte mich sehr allein in diesem Zimmer ohne Angelika. Ich fühlte mich verloren ohne ihre Hilfe. Auch fiel mir ein, wie fest ich ihr versprochen habe, sie zu befreien. Ich mußte ihr beweisen, daß ich sie nicht vergessen habe. Ich ging in die Nähe des Tanzpalastes (hinein hätte ich mich nicht getraut) und wartete darauf, Bekannte zu treffen, die mir behilflich sein konnten. Gleich der erste war ein junger Mann, von dem ich wußte, daß er gern bereit sein würde, eine Sache zu drehen, besonders dann, wenn es sich um Angelika handelte.

Er wußte mehr über sie wie ich. Er wußte, in welchem Krankenhaus sie lag, daß sie im Prozeß gegen den »Herrn Baron« als Zeugin werde auftreten müssen und auch, daß es schon behördlich beschlossen war, daß man sie in kürzester Zeit in eine Fürsorgeanstalt bringen würde.

»Du bist ein tapferes Mädchen, daß du deine Freundin nicht im Stich läßt und dich selbst hast du auch ganz geschickt herausgerissen. Man sieht es dir gar nicht an, wie schlau du bist. Na, wir werden schon etwas ausknobeln.«

Das haben wir auch getan. Ich ging ins Krankenhaus, tat aber ganz fremd Angelika gegenüber. Zu ihrer Bettnachbarin war ich um so freundlicher. Ich sagte ihr, sie hätte so unglaubliche Ähnlichkeit mit einer Freundin, die ich sehr gern mochte. Darüber fühlte sie sich geschmeichelt, auch war sie sehr allein. Ich versprach ihr, sie am Sonntag mit meinem Freund zu besuchen.

Wir gingen auch wirklich hin. Ich hatte ein kleines Päckchen zurechtgemacht, es war wirklich ganz klein, gar nicht auffallend. Darin befand sich das Mützchen Angelikas, ein Seidenfähnchen, und ein Paar Schuhe.

Während wir uns mit der Bettnachbarin unterhielten, warf ich unbemerkt das Päckchen hin. Sie ging auf die Toilette. Ein paar Minuten später stand eine Besucherin in der Tür, keine Kranke mehr. Wir wagten kein Wort zu sprechen, der Portier ließ uns ohne weiteres passieren. Aber noch auf der Straße schwiegen wir, wir gingen schnell.

Ich fühlte, wie blaß ich war. Auch Angelika merkte ich die Erregung an, obgleich sie sehr sicher tat. Dann aber, als wir schon entfernt genug waren und als wir sicher wurden, daß uns niemand folgte, fielen wir uns mitten auf dem Alexanderplatz in die Arme. Wir lachten und schrieen, wir tanzten, daß die Leute uns anguckten, als ob wir verrückt geworden sind.

»Hast du auf der Treppe die Fürsorgeschwester gesehen? Ich dachte, ich fall um, wenn die uns wiedererkannt hätte.«

»Jetzt können die mich lange suchen, das hätte ihnen so gepaßt, mich noch jahrelang zu quälen. Lina, ich muß sagen, du bist das klügste Mädchen, das ich je gesehen habe, ich werde dir das nie vergessen.«

Die nächsten Tage fühlten wir nichts weiter, als daß wir frei waren. Es gibt nichts Schöneres, als mit Bewußtsein das zu fühlen. Nur sobald man sich wieder daran gewöhnt hat, merkt man nichts davon und man hat gleich andere Sorgen. Eingeschlossen sein, das ist schlimmer als hungern, nur das man das Hungern nicht so lange aushalten kann. Wir mußten daran denken, wieder Arbeit zu finden. In den Tanzpalast konnten wir nicht mehr zurück. Angelika hatte auch etwas Besseres vor. Sie meinte, dort könnte man es doch nicht zu etwas bringen. Sie wollte Bardame werden, das wäre ein Beruf, der Geld einbrächte, wenn man es verstand. Sie würde schon Verbindungen finden, Kleider hätte sie, der »Herr Baron« war wenigstens kein knauseriger Junge. Schon nach einigen Tagen kam sie freudestrahlend, sie hatte gefunden, was sie suchte. Wir bekämen kein Gehalt, aber Prozente vom Umsatz, ich könnte mich darauf verlassen, daß sie mich auch unterbringen würde, ohne mich nähme sie die Stellung gar nicht an. Und Kleider würde sie mir auch leihen. Unsere Aufgabe wäre, darauf zu achten, daß die Herren, die bei uns Getränke bestellen, möglichst viel trinken, das wäre doch nicht schwer, für sich garantiere sie schon. Und ich mußte nur so tun wie sie. Wir könnten Geld verdienen wie Heu.

Im Paradies

»Paradies« hieß die Bar und anfangs schien es mir, daß das wirklich ein passender Name war. Es ging hier so vornehm zu, daß ich mich erst vor Angst kaum fassen konnte. Ich wußte nicht, wie ich mich mit den feinen Herren unterhalten könnte, denn das erwarteten sie von mir, hatte der Herr Direktor im Gehrock erklärt. Wir mußten den Geschäftsführer »Herrn Direktor« nennen, ich glaube, weil es vornehmer klang. Er sprach immer sehr geziert, trotzdem mußte man aber bald merken, daß mit ihm nicht zu spaßen war.

Die Damen, die die Bar ständig besuchten, sahen auch sehr vornehm aus, sie trugen elegante Kleider und Pelze und waren genau so, wie ich mir in Cottbus alle Berlinerinnen vorgestellt habe. Die waren wirklich anders als die Frauen in der Kleinstadt. Sie hatten Ähnlichkeit mit Filmheldinnen, das gewöhnliche Leben schien gar nicht an sie heranzureichen, ich beneidete sie sehr. Sie waren so sicher und selbstbewußt. Wie Göttinnen ließen sie sich an irgendeinem Tisch nieder und unterhielten dann lässig und vornehm ein ganze Gesellschaft von Herren.

Angelika erklärte mir aber, daß sie aber auch nichts Besseres seien als wir. Die sind froh, wenn sie sich satt essen können und ein Trinkgeld in die Hand gedrückt bekommen, nachdem sie stundenlang gequasselt und gequatscht haben. Sie bekommen Prozente nach den Getränken wie wir. Aber bei der Abrechnung müssen sie sich mit den Kellner und mit dem Herrn Direktor noch mehr herumschlagen. Nee, eine Tischdame möchte ich auch nicht sein.

»Aber du hast doch immer gesagt, wenn du schöne Kleider hättest, könntest du dein Glück machen. Du hast jetzt schöne Kleider, aber wir haben es doch nicht leichter.«

»Das kommt nicht auf einmal, man muß Geduld haben. Natürlich kann es auch nicht jeder gelingen, man muß zum Glück geboren sein, Evelyn.«

Ich hieß jetzt nämlich Evelyn, weil Lina zu gewöhnlich ist. Alle Damen in der Bar hatten ganz eigenartige, fremdklingende Namen: Pia, Mercedes, Lilo, Molly.

»Die hießen früher alle Minna oder Marie«, hatte Angelika gesagt, die stolz darauf war, einen Namen zu haben, der auch in der Bar nicht geändert zu werden mußte. Das war, weil ihre Mutter gleich bei ihrer Geburt etwas Besonderes von ihr erwartete. Sie war sehr arm, eine Aufwartefrau, die schwer arbeitete, die aber überzeugt war, daß ihre Tochter ein ganz anderes Leben haben würde. Sie konnte gar nicht genug über die Schönheit Angelikas schwärmen, nannte sie ihr Glückskind, und sie war es, die in ihr die Überzeugung wachrief, daß sie von allen umschwärmt werden mußte und einmal reich und glücklich werden würde.

Ich hatte nichts dagegen, Evelyn zu heißen, ich haßte ja Lina zu heißen, und ich konnte gut begreifen, daß sich jeder nach einem Namen sehnte, der nicht schon viele Tausende Male mit einem Befehl verbunden in den Ohren geklungen war.

Vielleicht brachte mir auch mein neuer Name Glück, denn Glück mußte man ja haben, wie Angelika sagte. Nur sie hatte es viel leichter, sie konnte sich mit jedem unterhalten, und auch das Trinken schien ihr Spaß zu manchen. Ich mochte es nicht, mir stieg jeder Tropfen gleich zu Kopf, ich bekam Schwindelgefühl und Kopfschmerzen. Auch wurde ich nicht lustig davon, sondern nur traurig und schweigsam.

Je länger ich hier war, um so weniger gefiel mir das Leben, das wir führten. Wie weit schien mir jene Zeit, als ich bei der Dienstmädchenwirtin solche Angst hatte vor »oben«. Ich begriff jetzt, warum sie sich über mich ärgern mußte, daß ich lieber Schulden hatte, wo man doch auf so einfache Art Geld verdienen konnte.

Alle Mädchen, die ich traf, im Tanzpalast, im Pflegeamt, im Fürsorgeheim und hier in der Bar fanden, daß es das Natürlichste und Selbstverständlichste auf der Welt war, von Männern Geld zu nehmen. Aber ich hatte genug von allem. Wir hatten zwar Geld jetzt, aber doch noch mehr Sorgen, wie wir uns die guten Kleider anschaffen sollten und Schönheitsmittel und seidene Strümpfe und was man so alles brauchte. Am liebsten wäre ich auch von hier ausgerückt.

Aber an einem Abend veränderte sich alles für mich; ein junger Mann kam an unsere Theke und verlangte einen »Trunk Vergessenheit«. Ich blickte ihn verwundert an, erst nur, da das doch ein Getränk war, das wir gar nicht führten. Doch ich merkte bald, daß das nur eine Redensart sein sollte. Aber der junge Mann interessierte mich weiter. Er war anders als die meisten Besucher der Bar. Er trug keinen Abendanzug, aber nicht nur aus diesem Grunde merkte man ihm an, daß es ihm nicht so gut ging, wie den anderen Gästen. Er war unruhig und sah vergrämt aus, vielleicht war er sehr unglücklich und wollte deshalb diesen »Trunk Vergessenheit«.

»Ja, ich würde ihnen schon etwas mixen, Vergessenheit, das wäre auch etwas für mich«.

»So ein kleines Mädchen und redet daher, als kennt sie schon allen Ernst des Lebens.«

Ob ich es kannte, ich hatte schon allerlei durchgemacht, aber nichts darunter was zum Lachen wäre.

Auch er hatte ein schweres Leben hinter sich. Die ganze Nacht durch jammerten wir nach Herzenslust über unser Leben.

Wir verabredeten uns für den nächsten Nachmittag mit Harry, so hieß er, er sah auch so aus: englisch und interessant.

Er führte mich in ein Kaffee, das merkwürdigste, das ich je gesehen habe. Das Kaffee war voller Kojen, die durch Portieren von einander abgetrennt waren. Wir suchten einen Platz und jedes Mal, wenn wir die Vorhänge wegschoben, saß dahinter ein Liebespaar.

»Das ist ja ein wahres Liebeslabyrinth«, sagte Harry, der so tat, als ob er zum erstenmal hier wäre, aber ich hatte ihn in Verdacht, daß er diesen Platz genau kannte.

Aber als wir auch so verborgen saßen und draußen ein Pianist Stücke spielte, die so richtig aufs Gemüt gingen und von allen Seiten Küsse und Flüstern herüberwehten, vergaß ich alles und war nur zufrieden, so traulich neben Harry sitzen zu dürfen. Er verstand es gut, Worte zu sagen, die zu hören so recht angenehm waren. Ich fühlte mich, als hätte ich etwas sehr Süßes getrunken, das betäubend in den Kopf stieg und prickelnd in den Adern rollte. Ich erinnerte mich an jene Nacht, als die Selbstmörderin in unser Zimmer gebracht wurde. Damals konnte ich begreifen, daß man aus dem Leben wollte. Wie dumm ich war! War es möglich, alles so grau zu sehen, wo doch das Leben so herrlich schön sein konnte. Lohnte es nicht, auch Böses zu erdulden, wenn man wußte es kommt etwas Gutes?

Harry erzählte mir von seinem Leben. Er war früher Geschäftsreisender gewesen, eine richtige Verkaufskanone sagte er, der verdienen konnte, soviel er wollte.

Überall, wo er hinkam, war er beliebt, sagte er. Die Kundschaft wartete immer schon sehnsüchtig auf sein Kommen. Er wäre schon ein reicher Mann, sagte er, wenn die anderen nicht Angst vor ihm bekommen hätten und sie aus Neid sein Brot wegnahmen.

Im Geheimen war ich ganz zufrieden, daß er jetzt kein großer Mann war, vielleicht hätte er mich dann gar nicht beobachtet; aber ich schämte mich dieser Gedanken und versuchte ihn zu trösten. Es würde ihm schon wieder gutgehen, er könnte die verlorene Zeit leicht nachholen.

Davon war er auch selbst überzeugt. Er meinte, an seinem Unglück wären die Juden schuld und sobald die nichts mehr zu sagen hätten, würde seinem neuen Aufstieg nichts mehr im Wege stehen. Ich könnte davon überzeugt sein, daß er nicht als armer Schlucker, als von der Krise unterstützter Arbeitsloser enden wollte.

Ganz klar wurde mir das, was er sagte, nicht. Aber was sollte das mit den Juden zu tun haben? Und bei den vielen anderen, denen es dreckig ging, deren Leben ich kannte, mußte doch noch ein anderer Grund da sein.

Harry lachte, und nannte mich ein kleines Gänschen. Man könnte die Zusammenhänge nicht unmittelbar sehen, aber deshalb waren sie doch vorhanden. Ich wußte selbst nicht, ob ich ihn für klug halten sollte. Aber wenn er mich küßte, vergaß ich diese allgemeinen Redensarten.

Angelika und Harry mochten sich ganz und gar nicht leiden, obgleich doch auch Harry immer davon sprach, noch einmal sein Glück zu machen, und auch er sich für etwas Besonderes hielt.

Aber Angelika erklärte mir, das ich gerade auf sowas Dummes hereingefallen bin, wovor sie mich immer gewarnt hatte. Vor allem war sie auf mich böse, weil ich manchmal Harry aushalf, dem es doch so schlecht ging und der nicht aus und nicht ein wußte. Natürlich nur momentan. Sie verstand nicht, daß man einen Menschen, den man liebte, nicht hungern lassen konnte. Auch der Herr Direktor war unzufrieden, daß Harry so oft in der Bar saß.

»Auf solche Kunden reflektieren wir nicht«, sagte er scharf und maß Harry mit unangenehmen Augen.

»Du wirst noch sehen, wir verlieren unsere Arbeit wegen deinem Harry«, meinte Angelika. Aber es kam noch viel schlimmer.

An einem Abend hatten wir einen besonders guten Kunden, einen kleinen, dicken Herrn mit Glatzkopf. Ein

Provinzonkel, der sich mal amüsieren wollte. Angelika wußte, wie man mit solchen Kunden umgeht. Er bestellte Getränke nicht nur für sich und uns Bardamen, sondern auch für alle anderen, die in seiner Nähe saßen.

Wenn er seine Geldtasche zog, sah man ein ganzes Päckchen Banknoten hervorschimmern. Wenn ich Geld sah, das auf so dumme Weise verschleudert wurde, bekam ich immer Lust, einen Griff zu tun, nach einer schönen großen Banknote. Wenn man einmal so eine hätte leicht bekommen können. Aber was mußte man alles schlucken, wie viel Alkohol und dumme Witze und Scheußlichkeiten, um sie zu verdienen. Lust hatte ich dazu, aber ich habe es doch nicht versucht. Auch Angelika sagte mir, um Gottes willen ja die Finger von so etwas zu lassen, dabei könnte es einem nur schlecht ergehen.

»Wenn sie besoffen sind, vergessen sie ihre Frauen und Kinder, ihre Vergangenheit und ihre Zukunft, aber ihr Geld vergessen sie nie, merk dir das.« So hatte Angelika gesprochen.

An diesem Abend begann plötzlich der alte Knopf mit der dicken Brieftasche, es war schon in vorgerückter Stunde, zu schreien und zu brüllen. Er hatte in seine Brusttasche gegriffen und sie war leer. Das Geld war verschwunden, wir suchten überall, der Herr Direktor versuchte zu beruhigen, denn es war nicht angenehm, die Polizei auf den Hals zu bekommen. Aber die Brieftasche blieb verschwunden.

Harry war auch an diesem Abend in der Bar und er gehörte zu jenen, die von dem alten Knopf freigehalten wurden. Das Schreckliche war nun, daß es ihm einfiel, gerade Harry zu bezichtigen. Dem Herrn Direktor war es gerade recht, er hatte doch schon immer etwas gegen ihn. Aber nicht genug damit, erklärte der alte Kerl, als die Durchsuchung Harrys erfolglos blieb, daß wir beiden, Angelika und ich, mit ihm im Bunde sein müßten und daß wir schon längst das Geld irgendwie herausgeschmuggelt hätten.

Angelika, die leicht in Wut geriet, begann zu schreien und zu toben. Es sei eine Unverschämtheit sondergleichen, sie zu verdächtigen, sie verbäte sich das auf das entschiedenste. Aber je lauter sie wurde, umso mehr verschlechterte sich unsere Lage.

Ich konnte es geradezu spüren, wie alle dasselbe dachten: natürlich waren sie es, das ist das schlechte Gewissen. Denn hinter ihrem Wutanfall fühlte man Angst, die Angst vor der Polizei. Natürlich, ich wußte, warum. Sobald man sie rief, waren wir verloren, man würde uns wieder einfangen und sicher noch strenger bestrafen.

Ich wollte ruhig bleiben, aber ich konnte mir nicht helfen, ich zitterte und fühlte, wie das Blut aus meinem Gesicht wich. Ich sagte nur: »Ich habe nichts genommen, Glauben Sie mir.«

»Das können Sie alles auf der Polizei erzählen, dort kann man auch nachprüfen, wovon Ihr sauberer Kumpane lebt.« Der Herr Direktor meinte Harry. Während wir von mehreren Polizisten auf das Präsidium gebracht wurden, schimpfte Angelika ohne Unterlaß. An allem war ich schuld. Warum habe ich mich mit diesem Harry eingelassen?

»Aber es waren doch Hunderte andere in der Bar. Warum sollte es gerade Harry gewesen sein?

»Weil man schon hundert Meter weit riechen kann, daß er kein Geld hat, darum.«

Ihn sah ich erst im »Alex« wieder, er saß hinter einem Drahtkäfig. Erst wollte er in seiner Aufregung herumlaufen, aber der Wachtmeister verbot es ihm. Es sah aus, als säße eine Riesenmaus in der Falle. Ich wollte mit ihm ein paar Worte wechseln, aber schon wurden wir weitergeführt.

»Ihr werdet Euch beim Schnellgericht wiedersehen.«

Eine Frau untersuchte uns sehr sorgfältig, aber sie fand natürlich weder Geld noch Brieftasche.

Schon am nächsten Tag wurden wir vor Gericht gestellt, das war das Schnellgericht.

»Wenn man wenigstens ein paar Jahre älter wäre. Ich würde lieber noch unschuldig sitzen, als wieder mit der Fürsorge zu tun bekommen.«

»Aber wir können nicht zu unserem Alter ein paar Jahre zuschwören, dann kann es uns erst recht mulmig ergehen.«

»Die werden uns schon durchstöbern.«

Das Gericht erklärte sich auch gleich für uns nicht zuständig und schon war eine Fürsorgeschwester zur Stelle. Aber als Zeuginnen sollten wir bleiben.

Sie nahmen Harry mächtig vor. Die Herren schienen sich zu ärgern, daß sie ihm nicht beweisen konnten, daß er gestohlen hat. Das Geld war nicht da, das war einmal sicher. Aber sie fragten ihn so viel kreuz und quer, daß er anfing, verlegen zu werden und unsicher.

»Wovon leben Sie?«

»Von der Krisen-Unterstützung.«

»So, von acht Mark in der Woche sind Sie in der Lage, Bars zu besuchen? Das kann doch nicht mit rechten Dingen zugehen?«

Um ihm beizuspringen sagte ich, daß ich ihm manchmal aushelfe. Aber jetzt schien ich erst eine richtige Dummheit gemacht zu haben, denn nun stand einer der Herren auf und begann mich auszufragen, wovon ich lebte und wie ich mein Geld verdiene, bis ich auch ganz verwirrt wurde und zu weinen begann.

»Ich beantrage die Ausdehnung der Anklage auf Zuhälterei.«

Was sprach dieser Mann? Ich wollte auf ihn losgehen, aber Angelika hielt mich zurück.

»Sag kein Wort mehr.«

Ich glaube, ich hätte gar nicht sprechen können. Die Worte erreichten nur wie sinnlose Geräusche meine Ohren.

Ich strengte mich an, um doch zu begreifen, was vorging. Da hörte ich etwas von Arbeitshaus Rummelsburg bis zu zwei Jahren. Harry sah mich mit haßerfüllten Augen an. Als ich vorbeiging, hob er die Hand und zischte wütend: »Du kannst was dafür, du hast mich dahin gebracht, das sollst du büßen.«

Wieder sollte ich erfahren, wie unerträglich das Leben sein konnte.

Noch einmal das Pflegeamt

Nachts hörte ich die Frauen im Schlafsaal flüstern. Es war alles wie das erstemal, nur daß jetzt nichts mehr so stark wirkte. Es war der alte Dreh, nur waren jetzt alle härter zu mir, ich habe ihr Vertrauen enttäuscht. Ich bin auf den falschen Weg geraten, ich bin schlecht geworden, als ob sie nicht selbst mitgeholfen hätten, daß alles so wurde. Sie haben mich hinabgestoßen, sie wollten, daß ich nur Schlechtes höre und erfahre; und nun taten sie noch, als wäre ich besonders verworfen.

»Dir fehlt die starke Hand, du wirst in ein strengeres Heim kommen.«

War mir ganz gleichgültig, ich würde wieder ausrücken. Aber half das? Ich ging ja in einem Kreis herum und kam immer zurück zu der gleichen Stelle. Gab es keinen Ausweg? Vielleicht wäre es besser gewesen, wenn ich von zu Hause nicht weggelaufen wäre.

Die Frauen in den Betten neben mir sprachen: »Wenn nur mein Mann nichts davon erfährt, daß ich aufgegriffen wurde.«

»Wenn ich einen Mann hätte, wäre ich nicht so dumm, mich auf der Straße herumzutreiben.«

»Mensch, meinst du, ich mach's zum Vergnügen, mein Mann bringt seit Jahr und Tag jede Woche nur die paar Mark Unterstützung nach Hause. Oft glaube ich, ich werde wahnsinnig von diesem ewigen wirtschaften aus dem Nichts. Vor ein paar Tagen ist mir das Unglück passiert, daß mir die Kartoffeln anbrannten. Nicht genug, daß ich unsere Hauptmahlzeit wegwerfen mußte, der Topf war nicht mehr zu gebrauchen, was ich auch damit anstellte. Kann man ohne Topf kochen? Was blieb mir übrig, ich ging auf die Straße.«

»Und läßt dich gleich schnappen?«

»Ja, die Anfänger haben immer Pech. Ob die wirklich Maul halten und die Sache nicht herauskommt? Mein Mann wird mich sicher überall suchen. Nee, ich habe das Leben satt.«

Plötzlich sah ich meine Mutter vor mir und den zerbrochenen Teller damals. Nein, es hätte mir nichts genützt, auch wenn ich geblieben wäre. Alles hätte genauso kommen müssen wie jetzt.

Und damals bei der Dienstmädchen-Wirtin, wenn ich »oben« gelandet wäre? Alles wäre genauso geworden.

Und wenn es mir gelungen wäre, Arbeit zu finden?

Ich hörte das Flüstern von den anderen Betten.

»Ich komme mir vor wie ein Hund, der ohne Marke herumläuft. Diese Hundefänger sollten einen wirklich in Ruhe lassen.«

»Ich glaube, ich bin schon Dutzend mal hier gewesen. Je bekannter man wird, um so leichter fassen sie einen.«

»Vor zwei Jahren da war es noch Gold gegen jetzt. Mir haben sie mal Arbeit verschafft bei Siemens. Der Lohn war nicht viel, aber irgendwie reichte es doch. Dann haben sie uns aber auf die Straße gesetzt, gleich hundertweise. Was sollten wir Mädels tun?«

»Brav bleiben und auf den Hungertod warten.«

»Mir wäre nichts daran gelegen zu krepieren, aber ich habe eine Katze, die hätte das gar nicht verstanden, warum ich ihr keine Milch gebe. Sie wäre davon gelaufen und hätte mich allein gelassen, oder sie wäre geblieben und dann wäre sie schneller um die Ecke gegangen als ich.«

»Da redet ihr über Kochtöpfe und Katzen. Was soll ich sagen, wo ich Kinder habe, die hungern. Und da wagen sie es noch mich einzusperren.«

»Die werden dir noch die Kinder wegnehmen, paß auf.«

»Das sollen sie nur versuchen.«

Die Stimme der Frau wurde jetzt laut und schrill.

»Mensch, als ob wir etwas ausrichten könnten gegen jene, die die Gewalt habe, wir haben nur zu kuschen.«

»Solange wir kuschen!«

Der Kopf der Wärterin erschien in der Fensterluke.

»Ruhe, Ruhe da.«

Arbeit hätte mir auch nichts genutzt. Auch dann hätte ich wie die vielen Tausende hier landen können.

Unter den Mädchen, die abtransportiert werden sollten, sah ich Angelika wieder.

»Jetzt ist es zu Ende mit mir, sie wollen mich lebendig begraben.«

»Aber Angelika, was ist mit dir geschehen?«

Angelika war ganz in sich zusammengesunken, das Lächeln hatte ihr Gesicht ganz verlassen, aber sie hatte auch nicht mehr die Kraft zu toben, sie weinte nicht einmal. »Alles ist vergeblich. Wozu gegen das Schicksal ankämpfen. Es hat ja doch keinen Sinn.«

»Was haben sie mit dir getan?«

Wie war es möglich, daß diese lebenslustige Angelika sich so verzweifelt ihrem Schicksal ergab?

»Sie sagen wieder, ich bin krank, sie wollen mich in ein Krankenhaus tun, dann in die Fürsorge. Aber du wirst mich nicht mehr retten können, Lina.«

Ich wollte ihr Mut machen, aber ich glaubte selbst nicht meinen Worten.

»Du wirst schon sehen, ich werde wieder ein Ding drehen, ich bin doch nicht auf den Kopf gefallen, das hast du selbst immer gesagt.«

»Na weißt du, mit deinem Harry, aber ich kann dir keine Vorwürfe machen. Ich mache auch nichts Vernünftiges. Und jetzt, jetzt gebe ich einfach die Partie auf, ich habe verloren. Sie sollen mit mir machen, was sie wollen.«

»Angelika, Kopf hoch, wir werden es schon schaffen.«

»Nein, es geht nicht mehr. Weißt du, wohin ich gebracht werde? Nach Weißensee ins Krankenhaus.«

»Weißensee? Das ist doch nicht das Ende der Welt!«

»Für mich ja. Du, das ist eine geschlossene Anstalt, da darf mich kein Mensch besuchen. Ich habe selbst unterschrieben, daß ich damit einverstanden bin. Auch meine Mutter darf mich nicht besuchen, darf mir nicht einmal schreiben. Weißt du, sie hat eine große Dummheit gemacht, sie hat an das Pflegeamt geschrieben, daß man mich in Ruhe lassen soll, daß es ihre eigene Sache ist, wie ich mich weiterbringe, daß durch Arbeit ein Mädchen es doch nie zu etwas bringen kann. Jetzt können sie diesen Brief gegen mich ausnützen. Die werden mich in der Fürsorge behalten, bis ich einundzwanzig Jahre alt werde. Und dann bin ich ja schon alt. So lange könnte ich auch ein so furchtbares Leben nicht aushalten, alles ist nun gleich.«

Eine Frau kam jetzt auf sie zu und führte sie fort.

»Angelika, Angelika.«

Aber sie drehte sich nicht mehr nach mir um, ich sah sie nie wieder.

Im Kloster

Ich habe Angelika bedauert, aber ich selbst sollte auch lebend begraben werden. Mitten in der Stadt, mitten unter hastenden Menschen. Ein Tor tat sich auf, ein Spalt in den riesigen roten Mauern. Als es sich schloß, war ich gefangen.

Es wird mir nie gelingen zu entkommen. Die hohen mächtigen Mauern sind unüberwindbar.

Wieder ein Tor, dann Hallen, deren Stille jeder Schritt laut aufscheuchte

Die Fürsorgeschwester führt mich weiter.

Wir warten in einem Raum mit holzvergitterter Öffnung. Die Holzläden werden nach einer Weile zurückgeschlagen, und hinter dem Gitter erscheint eine Nonne in langem weißen Kleid mit schwarzer Haube und einem Kreuz an der Brust.

Ich will weglaufen, aber die Fürsorgeschwester hält meinen Arm fest.

»Du mußt ruhig bleiben und auf alle Fragen antworten.«

»Aber ich will hier nicht leben, meine Eltern waren auch gegen diese Frömmigkeit.«

»Aber ihr seid katholisch, du sollst hier gesunden.«

Das kannte ich schon, dieses Gesunden.

Die Nonne ließ mich näher treten.

»Wir wollen deine verirrte Seele wieder Gott zuführen.«

»Lassen Sie mich fort.«

»Du sollst von heute an deine Vergangenheit vergessen, ein neues Leben beginnt für dich. In diesen Mauern sollst du ein anderer Mensch werden, ein gottesfürchtiger und gottesgläubiger. Du heißt von nun an Annunciata. Die Kinder, die hier leben, sollen nie deinen wirklichen Namen erfahren, auch deinen Vaternamen legst du ab.«

»Nein.«

»Wir werden deine gefallene Seele wieder zu Gott führen.«

»Nein, nein.«

»Die Allmacht Gottes wird uns helfen, die Sünde von dir zu vertreiben.«

»Nein, nein, nein.«

Ich wußte kaum, wie ich in den Eßsaal kam. Meine Haare waren jetzt glattgestrichen und ich trug ein hochgeschlossenes Kleid, über das hätte ich lachen können, wenn mir nicht so sterbenstraurig zumute gewesen wäre.

Alle Mädchen, und wir waren Hunderte im Saal, sahen genauso komisch aus wie ich, aber auf eine grausige Art komisch, als wären sie Wachspuppen, die von fremden Willen bewegt werden und deren Äußeres von einem Halbverrückten erdacht wurde, die sich möglichst gleichen sollten.

Eine Glocke ertönte, gleichzeitig erhoben sich die Hände zum Gebet, gleichzeitig wurden die Stühle verschoben, gleichzeitig setzten wir uns, gleichzeitig hoben wir die Löffel.

Der ganze Tag verlief so, als würden wir von unsichtbaren Drähten gezogen. Ich versuchte auf einen Augenblick zur Besinnung zu kommen, nachzudenken, was mir geschehen ist. Aber nie war ich allein. Wenn ich die Mädchen fragen wollte, etwas über ihr Leben zu erfahren versuchte, das mich hier erwartet, schüttelten sie nur den Kopf, sie durften nicht sprechen wie sie wollten.

Ein Mädchen, dessen Haar so glattgestrichen war, als wäre es mit einem Klebstoff auf ihrem Schädel befestigt, die immer mit gefalteten Händen herumlief und auch in ihrem Gang die Nonnen nachzuahmen versuchte, folgte mir auf Schritt und Tritt. Ich merkte bald, daß die anderen deshalb nicht mit mir sprechen konnte, weil sie immer dabei war.

»Du, hör mal, laß mich mal in Ruhe, ich brauche nicht deine ständige Begleitung.«

»Es ist meine Aufgabe, dich vor dem Bösen zu schützen.«

»Mensch, dir haben sie wohl den Brägen geklaut.«

»Sprich nicht so häßlich, Annunciata.«

»Laß mich in Ruhe mit dem quatschigen Namen. Was haben sie dir für einen angedichtet?«

»Eigentlich sollte ich dir gar nicht antworten, weil du so häßlich redest. Aber ich will dir helfen, deine gefallene Seele wieder Gott zuzuführen. Ich heiße Euphrasia.«

»Das habe ich mir gleich gedacht, daß du gar nicht anders heißen kannst.«

»Du kannst spotten soviel du willst, Gott wird mir die Kraft geben, das Amt, das mir unsere heiligen Mütter anvertraut haben, durchzuführen. Ich bin ausersehen, dein Schutzengel zu sein.«

»Nanu, so siehste gerade aus, du mußt schon lange hier sein, daß du so scheinheilig geworden bist.«

Dieser Schutzengel blieb mir tagelang immer auf den Fersen. Wenn wir paarweise im Garten nach dem vorgeschriebenen Takt auf und ab gingen, in der Kirche, bei der Arbeit, im Schlafsaal und im Eßzimmer, keine Gelegenheit ließ sie vorbeigehen, ohne ihre eingelernten Sätze mir in die Ohren zu leiern. Aber sie war nicht die einzige, die mir immer wieder meine Sünden vorhielt und mir versicherte, mich aus den Klauen des Bösen zu retten und mich, verirrtes Schäflein, dem guten Hirten wiederzuzuführen.

Da waren die Nonnen, die wir Mutter nennen mußten.

»Vergiß nicht, daß du alle acht Tage zum Sakrament der Buße gehen darfst, bekenne deine Sünden und dir wird vergeben.«

»Ich habe nichts zu beichten.«

»Sei nicht hoffärtig, deine Sünden können vergeben werden, aber nur, wenn du in dich gehst.«

Noch war es ganz dunkel, als wir geweckt wurden und in die Kirche mußten. Immer wieder die Kirche, immer wieder Gebete, immer wieder Andachtsübungen, dazwischen Arbeit und dünne Suppen, Malzkaffee und Margarinestullen.

Aber das hätte noch nicht genügt, um uns zu einem heiligen Leben zu führen. Einmal hatten wir drei Tage Exerzitien, drei Tage lang sollten wir beten, nicht schlafen, nicht essen, immer nur beten, ganz abgeschlossen in Einzelzellen.

»Du wirst in der Einsamkeit dieser heiligen Handlungen zur Besinnung kommen.« War es möglich, jahrelang ein solches Leben zu ertragen? Ich dachte an Selbstmord. Die Mauern schlossen uns vollkommen ab von der Außenwelt. Wir sahen keinen Fremden, auch Mädchen, die schon jahrelang hier waren, hatten nie Ausgang. Ihre Angehörigen durften sie nur hinter dem Holzgitter sprechen in Anwesenheit der Nonnen. Ihre ganze Arbeit ging darauf hin, unseren Willen zu brechen, uns zu zwingen, keine eigenen Gedanken zu haben.

Ich wollte mich dagegen stemmen, aber ich fühlte, wie ich immer schwächer wurde. Wir waren alle unterernährt, eingelullt vom Singen und Beten oder an den Arbeitstisch geschmiedet, wo wir nicht einmal ein Wort miteinander wechseln durften.

Gab es noch wirkliches Leben draußen? Wir sollten es vergessen, daß es noch eine andere Welt gab als diese.

Anna

Nach einiger Zeit fiel mir ein Mädchen auf, das bisher unsichtbar blieb und nun plötzlich aufgetaucht war.

»Ist das eine Neue?« fragte ich.

»Nein, sie wurde nur zur Strafe abgesondert, sie hatte lange Karzerhaft, sie wird sich in acht nehmen müssen.«

Sie gefiel mir gleich vom ersten Augenblick an, ihre Haare sträubten sich gegen das Glattsein, ihre Bewegungen gegen den Drill, sie sah sehr blaß aus. Man merkte ihr an, daß sie Schweres hinter sich hatte. Aber ihre Augen wurden nicht stumpf, sie hatte etwas Aufmerksames, Leuchtendes. Man spürte, wie sie alle Vorgänge verfolgten und daß sie sich Gedanken über alles machte; manchmal lächelten sie spöttisch, manchmal gutmütig. Augen konnte man nicht befehlen, Augen konnte man nicht verkleiden oder sie zu einem bestimmten Ausdruck zwingen.

Ich versuchte, in die Nähe dieses Mädchens zu kommen, aber mein »Schutzengel« schien meine Absicht zu erraten und verhinderte es auf das Sorgsamste.

Einmal aber kam ich beim Arbeitstisch, wir nähten Weißwäsche, in ihre Nähe.

Mit der Zeit lernte man zu sprechen, ohne daß die Aufsicht es gleich merken konnte. Man las die Worte von den Lippen, man flüsterte kaum hörbar. Je strenger man uns hütete, um so mehr wuchsen die Heimlichkeiten.

»Wie heißt du?« fragte ich das unbekannte Mädchen.

»Anna«, sagte sie. Schon dazu gehörte Mut, das war sicher ihr alter Name und den zu nennen war verboten.

»Nennt man dich hier auch so?«

»I wo, sie haben mir auch einen blödsinnigen Namen gegeben, ich heiße Philomena. Aber die Schwestern finden, der paßt gar nicht zu mir, ich glaube es heißt soviel wie Nachtigall. Am liebsten möchten sie ihn von mir abkratzen und mir einen anderen geben, vielleicht: Lucifer. Sie finden, ich habe Ähnlichkeit mit dem Leibhaftigen.«

»Ich finde es nicht.«

»Aber jetzt müssen wir vorsichtig sein, sonst gibt es Strafe. Von der habe ich genug. Ich will lieber versuchen, etwas zu tun, daß sie mich für immer rausschmeißen.«

»Geht denn das?« Aber ich bekam keine Antwort, denn mein »Schutzengel« war plötzlich erschienen.

Mehrere Tage fand ich keine Gelegenheit mit Anna zu sprechen, aber ich beobachtete sie. Beim Beten, bei dem Gesang der geistlichen Lieder. Die Gesichter rund um sie drückten keinen Gedanken aus. Wir alle beteten wie Automaten. Wir verstanden nicht nur den Sinn der lateinischen Worte nicht, sondern auch die deutschen blieben uns verschlossen. Wir beteten sie wirklich nur her. Wir leierten sie ab, weil man es von uns verlangte. Wir waren Automaten, wir knarrten den vorgeschriebenen Text ab. Aber, und das war mir anfangs ganz unbegreiflich, auf Annas Gesicht erschien Begeisterung, eine fremde Kraft schien sie zu beleben, wenn wir sangen. Ich wandte nicht die Augen von ihren Lippen. Nun merkte ich, daß sie einen ganz anderen Text sprach als wir, die Worte freilich wurden mir nicht klar.

Als wir wieder die Möglichkeit hatten, miteinander zu sprechen, fragte ich sie dann: »Anna, warum singst du immer mit solcher Begeisterung, bist du denn gottesgläubig?«

»Was du dir denkst. Glaubst du, ich singe diesen vorgekauten Text, zu dem man uns zwingt? Nein, ich singe revolutionäre Lieder. Wenn ich singe, werde ich stark, dann verlieren die hier ihre Macht über mich und die Gewalt, dann weiß ich, daß ich nicht allein bin, dann weiß ich, daß ich befreit werde, daß ich zwischen Millionen marschiere, die das gleiche Ziel haben wie ich. Allein kann ich mich nicht befreien, allein kann ich die Klostermauern nicht niederreißen. Aber zusammen mit den Millionen, die das gleiche Ziel haben, können wir es erreichen.« Ich starrte sie an, ich fühlte, wie mein Herz laut pochte.

»Du bist mutig, Anna; glaube nicht, daß ich wagen würde, das zu tun. Aber was meinst du damit, daß du zwischen Millionen gehst, daß die dir helfen werden?«

»Ich meine die Millionen Proletarier, ich meine dich und mich und uns alle, die das gleiche Schicksal haben.«

Allein kann man sich nicht befreien, darin hatte Anna recht, diese Erfahrung habe ich schon selber gemacht. Aber ich habe noch nie daran gedacht, zusammenzugehen mit den Millionen. Ich wußte wohl, daß ich zu dem Proletariat gehörte. Und die roten Fahnen am 1. Mai, die Versammlungen und die Lieder gefielen mir. Doch nie war ich auf den Gedanken gekommen, daß das alles auch für mich da ist, daß es auch mir helfen soll. Ja, ich fand Gespräche über die Befreiung des Proletariats langweilig. Ging das mich etwas an? War ich nicht jung, ein junger Mensch, der etwas vom Leben haben wollte, sich freuen und genießen? Das war meine Sünde, für die ich büßen sollte. Was wohl Anna darüber dachte? Und wie kam sie überhaupt hierher?

»Ich war Jungarbeiterin, und wir hatten in der Fabrik einen Streik. Ich war natürlich auch dagegen, daß man unsere Löhne, die ohnehin kaum reichten, noch kürzen sollte. Die Jungarbeiter und Jungarbeiterinnen, die aktiv gearbeitet haben, waren ein Dorn in den Augen der Geschäftsleitung. Während der Streikunruhen wurden Maschinen zerstört, und man sagte, ich war unter denen, die es am tollsten trieben, es war nicht einmal wahr. Ich bin doch nicht so dumm unsere Maschinen zu zerschlagen. Dann sagten sie, ich hätte Steine gegen die Streikbrecher geworfen. Natürlich war ich dabei, als man Proleten davon abhalten wollten, ihren Klassenbrüdern zu schaden. Steine haben wir gar nicht geworfen. Siehst du, so kam ich vors Gericht und dann brachte man mich hierher. Eine schlimmere Strafe hätten sie für mich nicht finden können.«

Ach so, Anna war nicht wegen ähnlicher Sünden hier wie ich. Noch gut, daß man hier von der Vergangenheit gar nicht sprechen durfte. Was würde wohl Anna über mich denken? Aber sie fragte nichts.

Immer, wenn wir auf kurze Augenblicke unbeobachtet waren, überlegten wir, wie wir es anstellen könnten, daß man uns aus dem Kloster weist. Wir wollten nicht länger warten. Anna beschloß, vor dem Mittagessen zu handeln.

Dieser Tag begann schon ohnehin mit Aufregungen. Eines der Mädchen hatte eine furchtbare Sünde begangen. Sie wollte endlich, wenn auch nur für eine Augenblick und aus der Ferne, einen Mann sehen. Einen Mann, der nicht immerfort von Buße und Sünde sprach wie unser geistlicher Berater bei der Beichte.

Es war ihr gelungen, bis zum Vorraum zu gelangen, von wo man einen Blick auf den Vorhof erhaschen konnte. Dort wurde Wohlfahrts-Suppe verteilt. Sie konnte aber nur einen ganz alten Bettler erblicken, denn man hatte sie entdeckt und in den Arbeitsaal zurückgejagt. Dort aber flüsterte sie, um ihr Abenteuer beneidenswerter erscheinen zu lassen, daß sie einen auffallend schönen jungen Mann gesehen und mit ihm sogar eine Verabredung getroffen hätte.

Diese Neuigkeit durchbrach die Grabesruhe des Arbeitsraumes und von allen Seiten erscholl Kichern und Flüstern.

Da erschien die »erste Meisterin«, die Nonne, die überall die Aufsicht hatte, und ertappte die Sündigen, die gegen die heilige Hausordnung verstoßen hatten und erteilte nach allen Seiten Strafen.

So war die Stimmung unter den Mädchen ziemlich geladen, als wir den Eßsaal im Gänsemarsch betraten.

Alle standen vor ihren Tellern und warteten auf das Gebet. Die Stimme der »ersten Meisterin« ertönte.

»Wir wollen Gott, den Allmächtigen, für seine Güte, daß er uns nährt, danken.«

Noch war die Stille vollkommen, als plötzlich Anna in einem vollkommen ruhigen Ton, der aber in alle Ecken des Raumes drang, sagte: »Was soll diese dünne Suppe mit Gott zu tun haben? Wir haben dafür gearbeitet, mehr als genug.«

Alle Augen wandten sich Anna zu mit einem Entsetzen, als stünde der Teufel mit Pferdehufen und Hörnern feuerspeiend leibhaftig vor ihnen.

»Gotteslästerin, schweig, du sammelst den Zorn des Himmels auf dein Haupt.«

Jetzt war an mir die Reihe zu reden, ich durfte mich nicht einschüchtern lassen. Meine Stimme war nicht so stark wie Annas, sie brach, sie zitterte vielleicht auch anfangs etwas, aber man verstand mich doch, alle verstanden es, was ich sagte: »Ja, wir arbeiten hier ohne Lohn und unsere Arbeit wird an Geschäfte verkauft, die noch mehr an uns verdienen. Wir aber bekommen nicht einmal satt zu essen. Wofür sollen wir denn Gott danken?«

»Blasphemie, schweigt, ihr Gottverlorenen. Und ihr, Kinder, verstopft eure Ohren vor den Worten des Bösen, betet, ruft Gott an, daß er seine Macht beweise.«

Aber die Mädchen standen da, ihre Hände falteten sich nicht, kein Wort verließ ihre Lippen.

»Betet, betet, sofort betet laut, übertönt die Stimme des Bösen.«

Einige Schutzengel begannen das Gebet, aber um so lauter sprach jetzt Anna: »Wie hat sich das Kloster das Geld verschafft? Von wessen Geld wurden sie alle erbaut? Von den Groschen der Armen, von den Steuern, die man ihnen abzieht, ob sie es wollen oder nicht. Wozu braucht die Kirche Steuern?«

Aber jetzt wurde Anna am Arm gepackt, und auch mich zerrte man aus der Reihe.

»Jetzt aber ist es genug, ihr Gottlosen, ihr kommt sofort zu der Oberin, sie wird mit euch abrechnen.«

Während wir herausgeführt wurden, spürten wir, wie uns die Blicke aller Mädchen folgten.

Anna flüsterte kaum hörbar: Schade, daß sie uns nicht noch ein bißchen haben reden lassen. Aber glaubst du nicht auch, daß wir die Mädchen doch aufgerüttelt haben?

Die werden schon anfangen zu denken. Die strenge Stimme der »ersten Meisterin« zischte dazwischen: »Schweig, du Verlorene.«

Wir standen vor der Oberin. Mit gefalteten Händen, den Blick nach oben gerichtet, als wollte sie vermeiden, so sündige Schäflein zu sehen, hielt sie ihre donnernde Rede gegen uns. Sie wunderte sich über den Langmut des Himmels, der nicht sofort über uns zusammenstürzte, als wir die schändliche Gotteslästerung begingen.

»Ich verstehe nicht, was das mit Gott zu tun haben soll«, wollte Anna beginnen, aber sie wurde von den Nonnen zurückgerissen: »Schweig', schweig' endlich, du Unglückselige.«

Dann hörten wir die Oberin sagen: »Sie müssen sofort aus unseren Mauern, sie sollen unverzüglich das Kloster verlassen, sie dürfen hier nicht länger die Luft verpesten. Wir können nicht behördliche Schritte abwarten.« Dann wandte sie sich an uns: »Ihr seid sehr schlechte Naturen, welche für keine guten Empfindungen zugänglich sind und die um sich her Verderbnis und Auflehnung verbreiten. Ihr verhindert alles Gute, verleitet zu vielen Sünden und tötet den guten Geist unseres Klosters. Fort mit euch für immer.«

Harry und das Arbeitshaus

»Ihr riecht ja noch richtig nach Weihrauch.«

Das sagte Franz, ein langer, blonder Junge, der gar nicht wie ein Herr aussah. Er trug Manchesterhosen und hatte große rote Hände. Aber es gefiel mir, wie er in der Küche hantierte und für mich und Anna Kaffee kochte und Stullen zurecht machte.

Franz ist Annas Bruder.

Wir waren noch so benommen, daß wir nichts tun konnten, nur ganz still herumsaßen.

»Ach, du kannst ja gar nicht verstehen, so lange Zeit kein vernünftiges Wort sprechen zu dürfen, keine Fremden sehen, keine Straße betreten dürfen«, sagte Anna.

»Wir konnten erst kaum richtig gehen, wir hatten immer nur Angst, wir werden überfahren.«

»Nun, die Hauptsache ist, ihr seid jetzt wieder frei.«

»Gib auch zu, daß wir es richtig gemacht haben; ich wette, die Mädchen werden nie dieses Mittagessen vergessen.«

»Die Nonnen auch nicht.«

»Ist das deine Freundin?«

»Ja, das ist Lina.«

Evelyn, Annunciata, Lina, wollte ich fast sagen, aber dann überlegte ich schnell, daß es besser war, auf die Vergangenheit gar nicht zurückzukommen. Vielleicht dachte Franz, daß ich auch wegen einer Streikgeschichte ins Kloster geschickt wurde.

»Ist sie eine Genossin?«

»Sie wird bestimmt eine sehr tüchtige werden«, sagte Anna, und dann sprachen sie miteinander über allerhand mir nicht ganz Begreifliches, über Hausagitation, Solidaritätsaktion und ähnliches, wobei ich vor Müdigkeit einschlief.

Aber auf eine so angenehme und beruhigte Weise, als wäre ich heimgekommen in mein wirkliches Zuhause.

In den nächsten Tagen sollte ich nur ausruhen. Franz gab mir Bücher und Zeitungen zu lesen; er und Anna nahmen mich auch zu Versammlungen mit. Aber die Unruhe wich nicht von mir, ich hätte doch Anna von der Vergangenheit erzählen sollen. Je länger ich damit wartete, um so schlimmer wurde es. Wenn Anna wenigstens etwas gefragt hätte, aber sie tat das nie.

Eines Tages geschah das doch, wovor ich mich fürchtete. Die Vergangenheit meldete sich. Ich ging mit Anna, als mich jemand auf der Straße anrief: »Evelyn, da bist du ja, wir suchen dich schon seit einer Ewigkeit.« Ein Freund Harrys stand vor mir. Wunderte sich Anna nicht, daß der mich Evelyn nannte? Aber auch jetzt fragte sie nichts, sondern verabschiedete sich nur und ging.

»Harry muß dich unbedingt sprechen, er schreibt uns einen Brief nach dem anderen, du mußt ihn noch diesen Sonntag besuchen im Arbeitshaus. Der arme Kerl ist ganz unglücklich, du hättest dich eigentlich schon längst um ihn kümmern können.«

»So, ich war selbst nicht frei. Meinst du, es war leicht für mich?«

»Du bist ein tüchtiges Mädel, du weißt, wie du dir hilfst, du wirst auch deinem Freund helfen.«

Harry, mein Freund, ich habe schon kaum an ihn gedacht. Am liebsten hätte ich jeden Gedanken an ihn von mir geschoben, ich wußte selbst nicht warum. Er war doch unglücklich, und ich mochte ihn doch früher sehr gern.

»Ja, ich werde gehen.«

Anna sagte ich nicht am Sonntag, wohin ich wollte, dann hätte ich es ihr erzählen müssen. Mir graute vor der Begegnung, auch vor dem Gedanken an das Arbeitshaus. Wie, wenn eine Fürsorgeschwester mich dort entdeckte und man mich zwingen würde, dort zu bleiben. Aber ich wollte nicht feige sein.

Harry erkannte ich kaum wieder. Er trug die Anstaltskleidung, eine kleinrunde Kappe auf dem kurzgeschorenen Kopf. Der Schnurrbart, der ihn so interessant machte, war verschwunden und sein Gesicht sah grau und schlecht rasiert aus. Ich konnte mir vorstellen, wie schrecklich es ihm war, ihm, der doch auf sein Äußeres so stolz war, daß ich ihn so sehen mußte. Ich nahm mich deshalb zusammen und versuchte, recht nett mit ihm zu sein.

»Hier, ich habe dir etwas Lebensmittel mitgebracht.«

»So, du denkst vielleicht, mich auf diese Weise abspeisen zu können. Weiß du, wem ich das verdanke, daß ich hier bin? Weißt du das?« Darüber habe ich schon selbst oft nachgedacht, aber ich konnte nicht finden, daß ich die Schuldige war. An seinem Tonfall erkannte ich wohl, daß er mich meinte.

»So ist es meine Schuld?«

»Allerdings, deine unbeschreibliche Dummheit. Aber du machst dir nicht einmal Gewissensbisse. Die Hauptsache, du lebst gut. Was mit mir geschieht, das ist dir gleich, ob ich gezwungen bin, in dieser Hölle zu leben unter diesem Abschaum der Menschheit. Siehst du, diese alten Bettler, die Herabgekommensten der Zunft findest du hier, dort diese alte Wracks, diese entstellten Figuren.«

»Ich sehe sie.«

»Die scheußlichen alten Weiber drüben, alles Prostituierte, die nicht einmal mehr gut sind, als Klosettweiber zu dienen. Unter ihnen muß ich leben.«

»Ich sehe sie.«

»Hier, diese Gestelle, von denen man nicht weiß, ob sie Mann sind oder Weib, Männer, die tun als ob sie Frauen wären und Frauen, die sich zu Männern verstellen. Dirnen für den verdorbensten Geschmack, unter ihnen muß ich leben.«

»Ich sehe sie. Aber vielleicht denken sie auch über dich nicht besser als du über sie.«

»Was hast du da gesagt?«

»Nichts.«

»Ich sage dir nur eins, ich muß von hier fort, ich kann nicht länger in diesen dreckigen Kleidern stecken, ich kann nicht länger mit diesen Leuten die dreckige Luft atmen, ich muß wieder menschlich aussehen, unter anständige Leute kommen.«

»Ich begreife dich nicht. Wie sollte ich dich befreien können? Was nennst du überhaupt anständige Leute? Die Menschen in der Bar vielleicht? Hast du noch nicht genug von diesen bekommen?«

»Ei, ei, die kleine Moralpredigerin, du scheinst eine richtige Klosterschwester geworden zu sein.«

»Ich möchte nur wissen, wie du dir das vorstellst, daß ich dir helfen könnte.«

»Sehr einfach. Hier, wie überall, braucht man zur Freiheit nichts anderes als Geld. Wenn ich doch damals wenigstens die Brieftasche wirklich in die Hände bekommen hätte, ich säße nicht hier, das kannst du mir glauben.

»Geld? Wie sollte ich dir denn Geld verschaffen? Ich habe selbst keins.«

»Du bist ein richtiger Unschuldsengel geworden, weißt gar nicht mehr, wie du dir Geld verschaffen kannst.«

»Du hast ganz recht, ich will es nicht mehr wissen.«

»Ach, du bist unter das rote Gesindel geraten und jetzt quatschst du nach, was du schlecht verdaut hast.«

»Vielleicht, vielleicht habe ich es satt, etwas anderes zu sein als ich jetzt bin. Vielleicht imponiert mir nicht mehr das gute Leben und das Glückmachen auf eigene Faust.«

»Du wirst es büßen, daß du so gemein mir gegenüber bist.«

»Büßen? Das Wort kommt mir auch bekannt vor. Du drohst ja wie die Klosterschwestern.«

Aber ich konnte nicht mehr. Harry wollte mich festhalten, ich befreite mich. Ich lief so schnell ich konnte zu dem Ausgang, ich wollte nichts hören, was er noch hinter mir herrief.

Franz

Als ich nach Hause kam, schüttelten mich Ekel und Verzweiflung. Was sollte mit mir geschehen? Mit diesem Leben, das hinter mir lag? Franz war zu Hause. Er lachte, als er mich sah und tat, als bemerkte er mein düsteres Aussehen gar nicht.

»Haben wir nicht Glück? Endlich einmal allein, die anderen sind ausgegangen.«

Ich fühlte, wie ich blaß wurde, aber endlich mußte ich sprechen, alles sagen.

»Ihr wißt nicht, was für eine ich bin, was ich schon alles durchgemacht, was für eine Vergangenheit ich habe.«

Franz aber sah mich nur lächelnd an.

»Die haben dich im Kloster also doch so weit gebracht, daß du dich als sündiges Schaf fühlst.«

»Nein, aber ich dachte mir, ihr meint vielleicht, ich bin auch eine Politische wie deine Schwester, das will ich nicht länger.«

Dann begann ich ihm alles zu erzählen. Über den Tanzpalast und die Jungens dort, über die Bar und über Harry, wie er jetzt lebte, und daß ich jetzt auch eigentlich dahingehörte. Ich hatte mein Gesicht in den Händen verborgen, während ich sprach. Franz löste ganz behutsam meine Finger, so daß wir uns nun in die Augen sehen mußten.

Was dachte er jetzt über mich?

»Was bist du für ein kleines Mädchen. Begreifst du denn gar nicht, was alles mit dir geschehen ist, und warum es so kam?«

Nein, ich begriff es nicht ganz.

»Du hattest dir doch selbst gar nicht anders weiterhelfen können. Hattest du etwas aus Schlechtigkeit getan?«

»Nein.«

»Aber warum haben sie dich doch gehetzt und gestraft? Warum haben sie dich verfolgt? Warum verlangten sie von dir, daß du Buße tust?«

»Ja, warum?«

»Sie haben es ganz sinnvoll getan, und sie haben auch einigen Erfolg bei dir erreicht. Sie wollten, daß du nur in dich schaust, daß du nur dich prüfst, daß du nur in dir selbst die Fehler suchst.«

»Ja.«

»Du sollst die Fehler in dir selbst suchen und nicht in der Welt, die dich umgibt, nicht in der Gesellschaft, die dich zu einem solchen Leben zwingt. Das ist der Zweck der Übung. Du sollst Buße tun, die Augen niederschlagen und die Welt um dich nicht sehen.«

»Ja, ja.«

»Denn, wenn du nicht in dir selbst die Fehler suchen wirst, sondern in der Welt, die dich umgibt, dann, so befürchten sie, wirst du erst einmal diese Welt verändern wollen. In dieser neuen Welt werden wir uns alle schon selbst verändern.«

«Ja, ja, ja.«

»Wollen wir zusammen den Weg suchen? Wollen wir zusammen kämpfen?«

Ja, ich war bereit.

Wunderbar neu wurde mir die Welt.

Ende

Nachwort

Geboren wurde Maria Leitner am 19. Januar 1892, noch zu Zeiten der k. und k.-Monarchie, in der kroatischen Kleinstadt Varaždin und in das dortige jüdische Geburtsregister eingetragen. Bald darauf folgten ihre beiden Brüder: Maximilian (Max) am 25. Dezember 1892 und Johann (János) am 17. Juni 1895 (gest. 1925). Johann wurde später unter den Namen János Lékai und John Lassen als Revolutionär und Schriftsteller bekannt. Die Geschwister blieben ein Leben lang eng verbunden.

Auf eine bessere berufliche Perspektive für den Vater, einem Eisenwarenhändler und Bauunternehmer, hoffend und wegen größerer Bildungschancen für die Kinder, zog die Familie etwa 1896 nach Budapest. Maria besuchte hier von 1902 bis 1910 die Königliche Höhere Mädchenschule, erhielt Unterricht in Französisch und Englisch und absolvierte Kurse für Maschinenschreiben und Stenografie.[1] In Wien vervollständigte sie ihre Schulbildung und begann ein Studium der Kunstgeschichte. Nach Berlin kam Maria Leitner erstmals in den Jahren 1911/12 im Verlauf ihrer Studien. Sie konnte ein Praktikum in Verlag und Galerie von Paul Cassirer, einem Kunsthändler von europäischem Rang, absolvieren und bekam in dieser Zeit prägende Eindrücke von der progressiven europäischen Kunst- und Literaturszene.[2] Hier wurden die Zeitschriften *PAN* und *Weiße Blätter* verlegt. 1911 erschien die von Lajos Hatvany, dem Ehemann von Christa Winsloe, mitfinanzierte deutschsprachige Monatsschrift für ungarische Kunst und Wissenschaft: *Jung-Ungarn*[3].

Der Cassirer-Verlag brachte auch die ersten Werke von Heinrich Mann heraus. Else Lasker-Schüler war vielbeachtete »Hausautorin«; verlegt wurden aber auch Schriften von Karl Kautsky, Rosa Luxemburg und Ernst Toller.[4]

Leitner übersetzte William Hogarths *Aufzeichnungen. Seine Abhandlung Analyse der Schönheit – ergänzt durch Briefe und autografische Erinnerungen* und gab das illustrierte Büchlein 1913/14 im Berliner Verlag Julius Bard heraus, bevor sie nach Budapest zurückkehrte.

In Budapest wurde sie redaktionelle Mitarbeiterin bei der auflagenstarken Boulevardzeitung *Az Est*, gehörte auch zum Kreis junger Literaten der avantgardistischen Zeitschriften *Nyugat* und *Ma*. Ihre möglichen ungarischen Texte aus dieser Zeit konnten jedoch bis heute noch nicht erschlossen werden.[5]

Dokumentiert ist das Engagement der drei Leitner-Geschwister im Galilei-Kreis von Budapest, in dem sich vor allem pazifistisch und revolutionär gesinnte Studenten und junge Künstler zu Diskussionsrunden trafen. Als die revolutionären Bewegungen am Ende des Weltkrieges auch in Österreich zur Beseitigung der bisherigen Herrschaftsstrukturen und in Ungarn 1919 sogar zu einer Räterepublik führten, standen die Geschwister Leitner in vorderster Reihe.[6]

Nach dem gewaltsamen Sturz der Räterepublik durch die Übermacht der alliierten Truppen und dem nachfolgenden grausamen Rachefeldzug der Konterrevolution, besonders unter Miklós Horthy, mussten auch sie fliehen. So kam Maria Leitner etwa zur Jahreswende 1919/20 über Wien nach Berlin – diesmal als politische Emigrantin.

Ihr Bruder János hatte bereits kurz zuvor an den Vorbereitungen zur Gründung einer Kommunistischen Jugendinternationale teilgenommen, zu deren aktivsten Funktionären er trotz seiner angeschlagenen Gesundheit gehörte. Noch war sie nur die Schwester des vor allem infolge eines Attentatsversuchs auf den bis 1917 regierenden ungarischen Ministerpräsidenten und Kriegsbefürworter Graf István von Tisza und seine spätere führende Rolle bei der Organisierung der Räterepublik berühmt gewordenen János. Aber sie war nicht untätig und arbeitete zunächst in Berlin für den Verlag der Jugendinternationale.

Hier begegnete ihr Luise Kraushaar, die sich noch 1985 erinnerte: »Ich habe – damals sechzehnjährig – 1921 Maria Leitner an meinem damaligen Arbeitsplatz im Verlag der Jugendinternationale, Berlin-Schöneberg, Feurigstraße 63, kennengelernt. – Der Verlag war in einer großen Ladenwohnung untergebracht. Hier arbeiteten Jugendfunktionäre aus verschiedenen europäischen Ländern, zum Beispiel aus der Schweiz, aus Österreich und Frankreich. Ungarische Emigranten waren häufige Gäste …

Maria Leitner war – soweit ich mich erinnere – täglich im Verlag. Ob sie dort angestellt war, weiß ich nicht. Sie saß immer in einem winzigen Zimmer, in das gerade ein Schreibtisch und ein Sessel hineinpassten … Hier arbeitete die kleine zierliche Ungarin, immer auf einem untergeschlagenen Bein hockend. Sie sprach sehr gut deutsch, aber mit starkem Akzent … Sie war wenig gesprächig und arbeitete offenbar sehr intensiv. Maria Leitner wurde oft von ihrem Bruder Johann Lékai aufgesucht und die beiden führten lange Gespräche in ihrer Muttersprache. Johann Lékai war ebenfalls klein und von fast zierlicher Statur, mit kurzgeschnittenem dunklem, etwas gewelltem Haar. Er war sehr freundlich und, wie mir scheint, viel aufgeschlossener als Maria … Auch er betätigte sich schriftstellerisch. Die *Rote Fahne* brachte täglich in Fortsetzungen einen Roman von Johann Lékai mit dem Titel *Rot und Weiß*, der die Errichtung, das Wirken und die Niederschlagung der ungarischen Räterepublik von 1919 behandelte … 1922 schied ich aus dem Verlag, und Maria Leitner entschwand aus meinem Gesichtskreis.«[7]

Etwa zu dieser Zeit kam die ungarische Malerin Ilona Szilágyi, die Schwester der als Joli bekannt gewordenen Grafikerin der *Roten Fahne*, nach Berlin und begegnete gleich nach der Ankunft Maria Leitner: »Sie nahm mich sehr herzlich auf, und ich traf sie in der folgenden Zeit öfters ... in einer sogenannten gutbürgerlichen Pension in der Nähe des Kaiserdammes. Ich weilte bis zum Herbst 1924 in Berlin, aber Maria hatte bereits 1923 – schon vor dem Hamburger Aufstand – die Stadt verlassen.«[8]

1923 war von Maria Leitner im Axel Juncker Verlag Berlin die Sammlung *Tibetanische Märchen* erschienen. Diese wurde von ihr ins Deutsche übertragen und durch ein Nachwort ergänzt. Mit Übersetzungen und anderen Texten sicherte sie sich ihren Lebensunterhalt. So übersetzte sie 1923 auch Jack Londons *Die eiserne Ferse* für die in New York und Philadelphia erscheinende linke Zeitung *Új Elöre* (Neuer Vorwärts), die seit Mitte 1922 von ihrem Bruder János redigiert wurde, aus dem Englischen ins Ungarische. In diesem Zusammenhang weilte Maria Leitner 1923/24 zunächst besuchsweise zur Unterstützung ihres Bruders in den USA, bevor sie 1925 bis 1928 im Auftrag des Ullstein-Verlages nach Amerika ging. Am 18. März 1925 kam sie mit dem Schiff *Thuringia* in New York an, am 17. Juni 1925 verstarb ihr Bruder János infolge einer Lungenerkrankung

Über Leitners berufliche oder politischen Aufgaben in diesen Jahren ist ansonsten wenig bekannt; gesichert ist nur, dass sie ab 28. Juli 1924 wieder einige Wochen in Wien verbrachte. Gemeldet war sie im Wiednergürtel 14 (Parkhotel) und in der Grinzingerallee 7/22, jedoch mit »ordentl. Wohnsitz Berlin W, Güntzelstraße 45«. Die Meldeunterlagen von Wien verzeichnen sie als ledige ungarische Beamtin; ein Zeitpunkt der Abreise ließ sich nicht ermitteln.[9] Ihr Bruder Max wohnte in dem damals bekannten Emigrantenquartier an der Grinzinger Allee. Der das Wirken der Leitner-Geschwister verbindende »rote Faden« wird höchstwahrscheinlich Willi Münzenberg gewesen sein.[10] Dieser gehörte 1919 bis 1922 dem Exekutivkomitee der *Kommunistischen Jugendinternationale* an, bevor er das Provisorische Auslandskomitee zur Organisierung der Arbeiterhilfe für die Hungernden in Russland – die spätere *Internationale Arbeiterhilfe* (IAH) – mitbegründete. Er war Generalsekretär des Auslandskomitees bzw. seit 1922 der Exekutive der IAH, deren Solidaritätsaktionen auch die Vertreter der amerikanischen Intelligenz maßgeblich unterstützten. 1927 wurde Willi Münzenberg außerdem zum Mitglied der Exekutive der *Weltliga gegen Imperialismus und für nationale Unabhängigkeit* gewählt, in der Kommunisten und Repräsentanten des linken Bürgertums zusammenarbeiteten. Max Leitner wurde ab Herbst 1927 deren journalistischer Mitarbeiter in Berlin, nachdem er wegen der Teilnahme am Julistreik der Wiener Arbeiter polizeilich gesucht wurde und flüchten musste.[11]

Maria Leitner war Willi Münzenberg bereits 1920 beim II. Komintern-Kongress in Moskau begegnet, an dem sie als Jugenddelegierte teilnahm.[12] Nach den Erinnerungen von Lilly Becher bestand dieser später, als er nach 1924 Leiter des *Neuen Deutschen Verlages* war und unter anderem die *Arbeiter-Illustrierte-Zeitung* (A-I-Z) herausgab, nachdrücklich auf der Veröffentlichung von Beiträgen Maria Leitners.[13]

Die Jugendbekanntschaft zwischen Münzenberg und den Geschwistern Leitner sowie die vielseitigen politischen wie publizistischen Berührungspunkte lassen Rückschlüsse auf Maria Leitners politische Mitwirkung innerhalb der IAH zu, beispielsweise bei der Betreuung von Kindergruppen der IAH beim II. Welttreffen der Pioniere 1930 in Berlin.[14]

Maria Leitner war auch durch die Aktivitäten des *Bundes proletarisch-revolutionärer Schriftsteller* (BPRS) eingebunden in das gesellschaftliche und politische Leben in Berlin. Dessen Sekretärin Trude Richter, die Maria Leitners Mitgliedschaft bestätigte, »war mit ihr gut bekannt und schätzte sie sehr ... eine sympathische, kluge Genossin, deren Roman *Hotel Amerika* damals bei uns viel Beifall fand«.[15]

Der *Neue Deutsche Verlag* hatte das Buch 1930 mit einem Schutzumschlag von John Heartfield herausgebracht und gut beworben. *Hotel Amerika* war bald darauf auch einer der wenigen Titel einer Autorin in der Universum-Bücherei, einem Buchklub für preiswerte linke Literatur. Die Geschichte von dem auf ein wenig Glück hoffenden irischen Wäschemädchen Shirley in einem der damals größten Luxushotels von New York las sich gut und wurde von einem breiten Publikum geschätzt.

Der auf ihren amerikanischen Erlebnissen basierende Roman Maria Leitners wurde ebenso wie die Reportagesammlung *Eine Frau reist durch die Welt* (1932) im Sinn der Autorin als übertragbar auch auf die deutschen Verhältnisse rezipiert. Um 1930 war Leitner als sozialkritische Schriftstellerin im deutschsprachigen Raum bekannt geworden. Ihr Lebenszentrum lag jetzt in Berlin.

In dieser Zeit maß sie der Herausgabe einer Frauenzeitschrift mit sozialistischem Weltbild große Bedeutung bei, wie ihr Beitrag zu einer Werbekampagne zeigt: »Die Frage, warum die Frauen in so großen Massen im reaktionären Lager stehen, wird viel diskutiert ... Gegen den Verdummungsfeldzug der Reaktion ist um so schwerer anzukämpfen, weil die Mehrzahl der Frauen (Hausfrauen, Heimarbeiterinnen, Angestellte und Arbeiterinnen der Kleinbetriebe) viel isolierter von ihren Klassengenossen leben als die Männer. Ich glaube, dass der *Weg der Frau* besonders geeignet ist, auch diese Frauen für die proletarische Sache zu gewinnen und ihnen ihre Lage klar zu zeigen.«[16] Maria Leitner war also nicht nur in fernen Ländern eine aufmerksame Beobachterin der politischen Entwicklung. Mit wachsender Sorge verfolgte sie ebenso die Entwicklung in Deutschland.

1931 rebellierte der fortschrittlichste und politisch bewussteste Teil des *Schutzverbandes Deutscher Schriftsteller* (SDS) gegen die Pressenotverordnungen der Regierung und die reaktionären Tendenzen im Hauptvorstand des SDS. Einem Bericht der *Welt am Abend* vom 15. Mai 1931 zufolge war Maria Leitner unter den daraufhin vorübergehend ausgeschlossenen Mitgliedern, zu denen Bertolt Brecht, Johannes R. Becher, Erich Mühsam, Anna Seghers und Erich Weinert gehörten. Am 25. Oktober stand Maria Leitners Unterschrift auf der Solidaritätserklärung für die endgültig aus dem SDS ausgeschlossenen Berufskollegen; alle Gemaßregelten waren bereits oder wurden Mitglieder des *Bundes proletarisch-revolutionärer Schriftsteller*, der in den Jahren 1928 bis 1933 bestand. Hier kam Maria Leitner auch mit Anna Seghers näher in Kontakt. Beide agierten gemeinsam auf einem von der Zeitschrift *Weg der Frau* veranstalteten Autorenabend am 24. Oktober 1931. Dieser fand in Ergänzung einer von der *Internationalen-Arbeiter-Hilfe* unter dem Motto *Frauen in Not* organisierten Ausstellung statt. Während Anna Seghers über weibliche Fürsorgezöglinge sprach, berichtete Maria Leitner an jenem Abend über die Lage der Frauen in Amerika, wohin sie 1930/31 nochmals eine mehrmonatige Reise unternommen hatte.

Ihre 1931 veröffentlichte Reportage zum Paragraphen 218, die noch Anfang 1933 publizierte Reportageserie *Frauen im Sturm der Zeit* oder der Berliner Roman vom *Mädchen mit drei Namen* von 1932 unterstreichen Maria Leitners Haltung für ein selbstbestimmtes, gleichberechtigtes Leben der Frauen.

Alle Texte setzten sich mit aktuellen Themen auseinander und waren damit am »Puls der Zeit«. Ihre kritischen Beobachtungen in Deutschland führten jedoch bald für sie zur existentiellen Bedrohung durch die erstarkende nationalsozialistischen Bewegung, da sie sich schon früh in die

Reihe der aktiven Nazigegner stellte. Davon zeugen ihre Entdeckungsfahrten durch Norddeutschland. Sie versuchte, das Wesen und die Machenschaften der Nationalsozialisten zu entlarven – ihr Beitrag zum antifaschistischen Widerstand.

Als die NSDAP mit Adolf Hitler an der Spitze am 30. Januar 1933 die Regierungsgewalt übernahm, war Maria Leitner angesichts ihrer offen demonstrierten politischen Gegnerschaft von Verhaftung und Verfolgung bedroht.

Ihre Reportageserie *Frauen im Sturm der Zeit* konnte in der *Welt am Abend* zwar noch bis zum 8. Februar 1933 erscheinen. Maria Leitner hielt es aber für ratsam unterzutauchen. Sie wohnte zunächst noch kurze Zeit illegal bei Trude Richter in der Afrikanischen Straße, bevor sie eine »Auslandsreise wider Willen«[17] antrat. Prag, Sudetengebiet, Saarland, Österreich, Schweiz und Frankreich waren ihre Stationen als Emigrantin in den folgenden Jahren.

Allen Gefahren zum Trotz reiste sie dank eines noch gültigen österreichischen Passes etwa fünfmal zu Erkundungen nach Deutschland[18], worüber sie die heute noch bemerkenswerten Reportagen in der Exilpresse veröffentlichte. Auch ihr Exilroman *Elisabeth, ein Hitlermädchen* (1937) beruht auf Recherchen »vor Ort«.

Maria Leitner litt zunehmend unter finanzieller Not; ihre Situation in Frankreich verschärfte sich mit dem Einmarsch der deutschen Wehrmacht im Mai 1940. Sie wurde wie die meisten der Ausländer interniert und kam ins Camp de Gurs nach Südfrankreich. Von dort konnte sie fliehen und gelangte auf abenteuerlichen Wegen über Toulouse nach Marseille. Darüber berichtet sie in ihren Briefen und Hilfeersuchen an Hubertus Prinz zu Löwenstein und die von ihm 1938 gegründete Hilfsorganisation *American Guild for Cultural Freedom.* Sie erhielt zwar Hilfe durch die Gruppe um Varian Fry, aber leider kein rettendes Visum in die USA. Infolge körperlicher und seelischer

Erschöpfung verstarb sie schließlich am 14. März 1942 in einem Krankenhaus in Marseille.[19]

Anmerkungen

[1] Killet, Julia: »Sozialkritik und das ›Bild der Neuen Frau‹ bei Maria Leitner«. In: Gregor Ackermann und Walter Delabar (Hrsg.): *Schreibende Frauen. JUNI-Magazin für Literatur und Kultur*. Bielefeld 2011, S. 230-252.
[2] Leitner, Maria: Brief vom 20. Mai 1941 an Theodore Dreiser. In: *Theodore Dreiser Papers*, Rare Book & Manuscript Library, University of Pennsylvania.
[3] Hermanns, Doris: *Meerkatzen, Meißel und das Mädchen Manuela. Die Schriftstellerin und die Tierbildhauerin Christa Winsloe*. Berlin 2012, S. 62 f.
[4] Feilchenfeldt, Rahel E. und Raff, Thomas (Hrsg.): *Ein Fest der Künste. Paul Cassirer. Der Kunsthändler als Verleger.* München 2006.
[5] Országos Széchényi Könyvtár, Budapest: Brief vom 13. Februar 1978 an die Autorin.
[6] Svéd, László (Hrsg.): *Lékai, János – Politikai pályája*. Budapest 1978.
[7] Kraushaar, Luise: Brief vom 1. Februar 1985 an die Autorin.
[8] Szilágyi, Ilona: Brief vom 24. Oktober 1977 an die Autorin.
[9] Wiener Stadt- und Landesarchiv, M-1889/82.
[10] Gross, Babette: *Willi Münzenberg. Eine politische Biographie*. Stuttgart 1967.
[11] Leitner, Max: *Biografische Angaben (Lebenslauf)*. Moskau 1936 (Kopie bei der Autorin).
[12] Münzenberg, Willi: *Die dritte Front. Aufzeichnungen aus 15 Jahren proletarischer Jugendbewegung* (darin: Fotografie Maria Leitner, 1920, vor S. 257). Neuer Deutscher Verlag, Berlin 1930.
[13] Willmann, Heinz: Brief vom 4. Februar 1978 an die Autorin.
[14] Peplinski, Franz: Brief vom 8. April 1987 an die Autorin.
[15] Richter, Trude: Handschriftliche Postkarte, 1964, an die Autorin.
[16] Leitner, Maria: Wortmeldung in der Zeitschrift *Weg der Frau* Nr. 6/1931 und in der Zeitung *Die Welt am Abend* vom 9. September 1931.
[17] Richter, Trude: Handschriftliche Postkarte, 1964, an die Autorin.
[18] Leitner, Maria: Brief vom 20. Mai 1941 an Theodore Dreiser. In: *Theodore Dreiser Papers*, Rare Book & Manuscript Library, University of Pennsylvania.
[19] Killet, Julia: »Maria Leitner – Eine Verschollene des Exils. Reportagen aus Nazideutschland«. In: Hiltrud Häntzschel und Inge Hansen-Schaberg (Hrsg.): *Politik – Parteiarbeit – Pazifismus in der Emigration: Frauen handeln.* München 2010, S. 209 f.

Literaturauswahl

Feilchenfeldt, Rahel E. und Raff, Thomas (Hrsg.): *Ein Fest der Künste. Paul Cassirer. Der Kunsthändler als Verleger.* München 2006.

Gross, Babette: *Willi Münzenberg. Eine politische Biographie.* Stuttgart 1967.

Grün, Lili: *Alles ist Jazz.* Hrsg. v. Anke Heimberg. Berlin 2009.

Hermanns, Doris: *Meerkatzen, Meißel und das Mädchen Manuela.* Die Schriftstellerin und Tierbildhauerin Christa Winsloe. Berlin 2012.

Jürgs, Britta (Hrsg.): *Leider hab ich's Fliegen ganz verlernt. Portraits von Künstlerinnen und Schriftstellerinnen der Neuen Sachlichkeit.* Berlin 2000.

Killet, Julia: »Maria Leitner – Eine Verschollene des Exils. Reportagen aus Nazideutschland«. In: Hiltrud Häntzschel und Inge Hansen-Schabert (Hrsg.): *Politik – Parteiarbeit – Pazifismus in der Emigration: Frauen handeln.* München 2010.

Killet, Julia: »Sozialkritik und das ›Bild der Neuen Frau‹ bei Maria Leitner«. In: Gregor Ackermann und Walter Delabar (Hrsg.): *Schreibende Frauen. JUNI-Magazin für Literatur und Kultur.* Bielefeld 2011, S. 230-252.

Killet, Julia / Schwarz, Helga W. (Hrsg.): *Maria Leitner oder: Im Sturm der Zeit.* Berlin 2013.

Kürbisch, Friedrich G. (Hrsg. und Vorw.) *Dieses Land schläft einen unruhigen Schlaf. Sozialreportagen 1918-1945.* Berlin/Bonn 1981.

Kurella, Alfred: *Die Geschichte der Kommunistischen Jugendinternationale* / Band II: Gründung und Aufbau der KJI, Berlin o. J. (Verlag der Jugendinternationale), Reprint, Leipzig 2000 (darin: Johann Leitner/John Lassen).

Leitner, Maria: *Eine Frau reist durch die Welt.* Berlin 1962.

Leitner, Maria: *Elisabeth, ein Hitlermädchen. Erzählende Prosa, Reportagen und Berichte.* Hrsg. v. Helga Schwarz, mit Nachwort und Bibliographie. Berlin/Weimar 1985.

Leitner, Maria: *Hotel Amerika.* Berlin 1930 und 1974.

Leitner, Maria: *Hotel Amerika.* Hrsg. v. Traude Korosa. Wien 2013.

Leitner, Maria: *Reportagen aus Amerika* (Originalausgabe

von 1932, *Eine Frau reist durch die Welt*). Hrsg. v. Gabriele Habinger. Wien 1999.

Lexikon sozialistischer Literatur. Ihre Geschichte in Deutschland bis 1945, Stuttgart/Weimar 1994.

Möhrmann, Renate: *Tilla Durieux und Paul Cassirer. Bienenglück und Liebestod.* Berlin 1997.

Münchow, Ursula: »Neue Wirklichkeitssicht und politische Praxis. Sozialistische Literatur und Arbeiterinnenbewegung«. In: Gisela Brinker-Gabler (Hrsg.): *Deutsche Literatur von Frauen*, Bd. 2: 19. und 20. Jahrhundert, (darin: Maria Leitner, S. 262-268). Frankfurt am Main, 1990.

Münzenberg, Willi: *Die dritte Front. Aufzeichnungen aus 15 Jahren proletarischer Jugendbewegung*, (darin: Fotografie Maria Leitner, 1920, vor S. 257). Neuer Deutscher Verlag, Berlin 1930.

Münzenberg, Willi: *Solidarität. 10 Jahre internationale Arbeiterhilfe.* Berlin 1931.

Nadolny, Sten: *Ullsteinroman*. Berlin, 2004.

Richter, Trude: Totgesagt. *Erinnerungen*. Halle/Leipzig 1990.

Schiller, Dieter: »Frauen im Umkreis der proletarisch-revolutionären Literatur«. In: *Jahrbuch für Forschungen zur Geschichte der Arbeiterbewegung*, Berlin II/2008, (darin: Maria Leitner, S. 43-68).

Schütte, Wolfgang U.: *Unterm Pulverfaß glimmt noch der Zunder.* Berlin 1979.

Schwarz, Gislinde: »Maria Leitner (1892-1942?)«. In: Susanne Härtel / Magdalena Köster (Hrsg.): *Die Reisen der Frauen. Lebensgeschichten von Frauen aus drei Jahrhunderten*, Weinheim / Basel 1994, S. 206-231.

Schwarz, Helga W.: Maria Leitner. In: *Internationalistinnen: Sechs Lebensbilder.* Berlin 1989, S. 77-110.

Steinacker, Sven: »Marterhöllen der kapitalistischen Republik« (Fürsorgeeinrichtungen und -gesetze usw.). In: *Internationale wissenschaftliche Korrespondenz zur Geschichte der deutschen Arbeiterbewegung.* Heft 1/2006, S. 3-59.

Svéd, László (Hrsg.): *Lékai János politikai pályája.* Budapest 1978.

Tergit, Gabriele: *Atem einer anderen Welt. Berliner Reportagen.* Hrsg. und Nachw. v. Jens Brüning. Frankfurt am Main 1994.

Ugrin, Aranka und Vargha, Kálmán (Hrsg.): *»Nyugat« und*

sein Kreis 1908-1941. Anhang *Magyar Csillag 1942-1944.* Leipzig 1989.
Wall, Renate: *Lexikon deutschsprachiger Schriftstellerinnen im Exil.* Gießen 2004 (darin: Maria Leitner, S. 253).

Herausgeber

Helga Schwarz, geb. 1938 in Chemnitz, arbeitete nach Ingenieurstudium und -tätigkeit als freie Herausgeberin und Autorin. Langjährige Forschungen und diverse Publikationen zu Maria Leitner u.a. In ihren Recherchen und publizistischen Arbeiten wird sie von ihrem Mann Wilfried Schwarz, geb. 1937 in Reichenberg/Liberec̆, tatkräftig unterstützt.

Dank

Es haben viele Menschen im In- und Ausland seit Jahren uneigennützig die Recherchen zum Leben und Schaffen Maria Leitners unterstützt, aber speziell hinsichtlich der vorliegenden Textauswahl möchten wir für Hinweise auf die Zeitung *Tempo* und die *Volks-Zeitung für das Vogtland* besonders Gregor Ackermann (Aachen) und Julia Killet (München) recht herzlich danken.

Die Herausgeber

Mehr Informationen über unser Programm
finden Sie unter

www.aviva-verlag.de
oder bei
www.facebook.com/aviva.verlag

Wir schicken Ihnen gerne unser Verlagsprogramm zu.

In Planung:
Maria Leitner: *›Elisabeth, ein Hitlermädchen‹ und andere Beobachtungen (1934–1939)*

ISBN: 978-3-932338-60-1

Umschlaggestaltung: Britta Jürgs, unter Verwendung des Fotos einer Frau in Berlin um 1930, veröffentlicht in *Tempo* Nr. 155 am 5. Juli 1932
Foto: ullstein bild – Imagno

Druck: finidr., s.r.o.
Printed in Czech Republik

© 2013 AvivA Verlag
AvivA Britta Jürgs GmbH
Emdener Str. 33, 10551 Berlin
fon (0 30) 39 73 13 72
fax (0 30) 39 73 13 71
info@aviva-verlag.de
www.aviva-verlag.de